Norbert Wickbolds Denkzettel

Norbert Wickbolds

Denkzettel

1. Auflage
Copyright © 2017 by Norbert Wickbold
Layout,Umschlaggestaltung und Illustration: Norbert Wickbold
Korrektorat: Irene Wickbold
Verlag: tradition GmbH, Hamburg
Printed in Germany

ISBN: 978-3-7345-3543-7 (Paperback)
ISBN: 978-3-7345-3544-4 (Hardcover)
ISBN: 978-3-7345-3545-1 (e-Book)

Bibliografische Information der Deutschen Nationalbibliothek:
Die Deutsche Nationalbibliothek verzeichnet diese Publikation in der Deutschen Nationalbibliografie; detaillierte bibliografische Daten sind im Internet über http://dnb.d-nb.de abrufbar.

Norbert Wickbolds

Denkzettel

Die dritte Staffel

Vorwort

Mit der dritten Folge meiner Denkzettel will ich mich einigen Fragen widmen, zu denen uns Wissenschaft und Religion bis heute zufriedenstellende, bzw. glaubwürdige Antworten schuldig geblieben sind. Mir geht es dabei um Antworten, die wirklich weiter helfen oder etwas richtig erklären und dabei meinen geistgen Horizont nicht beschränken oder begrenzen, sondern ihn wirklich erweitern. Ich will es wirklich wagen, die Antworten aus Wissenschaft und Religion zu hinterfragen, auch wenn ich dabei bewusst unwissenschaftlich vorgehe. Auch von Goethe bekomme ich für mein Anliegen Zustimmung:

> ...die Wissenschaft und die Natur!
> Da seid ihr auf der richtigen Spur!

Auch wenn die offizielle Wissenschaft, wie einst die Religion, alle hier behandelten Themen zu ihren Deutungshoheitsgebieten erklärt hat, können die von ihr vorgelegten Deutungen viele Menschen oftmals wenig befriedigen. Inzwischen hat sich mancher Zeitgenosse seine eigene, zum Teil sehr exotische Privatsammlung von Deutungen zugelegt. Im Internet kursieren Begriffe wie fake-news oder, ja: alternative Fakten...Um so wichtiger erscheint mir das Hinterfragen der Ideen, die uns von oft zweifelhaften Freizeitphilosophen präsentiert werden. Ja die Medien bieten viele Antworten und oftmals auch erstaunlich wenige Antworten. Schnell sind Behauptungen in die Welt gesetzt, die keiner ersthaften Überprüfung standhalten. Wirkliche Antworten sind das nicht. Wenn wir die Antworten aus Wissenschaft und Religion hinterfragen, dann sollten wir das erst Recht bei den Ideen tun, die uns von oft zweifelhaften Freizeitphilosophen präsentiert werden.

Gerade weil ich mich durchaus nicht über Wissenschaft und Religion lustig machen will, muß ich ihre Ideen ernsthaft in Frage stellen. Wissenschaftler, die sich mit dem ganz Kleinen befassen und solche, die das ganz Große untersuchen, erweitern ihren Forscherhorizont in bisher nie dagewesener Weise. So ist es durchaus kein Wunder, dass da nicht jeder Laie mithalten kann. Und bei alledem dürfen wir selbst das Wundern nicht vergessen. Denn wir Laien dürfen uns ja durchaus noch wundern. Und zwar im positiven Sinne. Das gilt um so mehr, da die Fachleute oftmals das Staunen und jede Art von Wundern kategorisch ablehnen. Deshalb gehe ich im 8. Denkzettel der Frage nach: Geschehen noch Zeichen und Wunder?

Beim Schreiben der hier vorgelegten Denkzettel habe ich in bewusst unwissenschaftlicher Weise ganz eigene (oder sollte ich lieber sagen eigenartige?) Ideen und Gedanken zu den, von der Wissenschaft oder der Religon aufgeworfenen Fragen, entwickelt. In diesen Denkzetteln geht es munter querbeet durch Raum und Zeit, zurück zum Beginn der Welt bis in die Gegenwart und vom Allerkleinsten zum Allergrößten. Dazu werden überraschende Erkenntnisse geliefert. Etwa zu der Frage, wie der Quark in die Welt kam oder darüber, welcher bisher ungeahnte Zusammenhang zwischen den Krümmungen des Weltraums und des menschlichen Rückens herzustellen ist.

Ich habe den für den zweiten Band benutzten, etwas zu sperrig und missverständlich klingenden Begriff »Dekade« gegen das heute moderne Wort »Staffel« ausgetauscht. Diese dritte Staffel der Denkzettel thematisiert statt alternativer Fakten alternative Fiktionen, in dem Sinne, dass es zu der Art und Weise, wie die hier angesprochenen Themen betrachtet werden, in der Tat Alternativen gibt. Ob diese als Fakten oder als Fantastereien anzusehen sind, dass kann jeder Leser für sich selbst entscheiden.

Norbert Wickbold

Dasein zwischen Hiersein und Wegsein

Sein

oder

Wegsein –

welch eine

Frage?

Heilkunst und Farbenpracht©

Norbert Wickbolds
Denkzettel No. 21

Dasein zwischen Hiersein und Wegsein – Sein oder Wegsein – welch eine Frage?

„Hallo! Hallooo! Ist hier jemand? Hallo, ist hier jemand?"

„Pssst, ich bin nicht da!"

„Ist hier jemand?"

„Hier ist niemand, das können Sie mir glauben."

„Die müssen doch noch da sein!"

„Die sind alle weg."

„Wo sind die denn? "

„Hier jedenfalls nicht!"

„Jetzt bin ich da, und keiner ist hier! Hey und Sie?" Sind Sie noch da, oder sind Sie auch schon weg?"

„Ich sagte doch schon, dass ich nicht da bin!"

„Aber Sie sind doch noch hier, ich spreche ja gerade mit Ihnen."

„Ja schon, aber gleich bin ich weg."

„Wieso wollen die denn alle weg? Wieso will denn keiner mehr dasein?"

„Ach hören Sie auf, das ist doch kein Dasein! Hier dreht sich alles nur ums Dasein. Um die mühevolle Daseinsbewältigung. Um die immer schwieriger werdende Daseinsvorsorge. Um den harten, alltäglichen Daseinskampf. Und darum, für sich überhaupt erst einmal eine Daseinsberechtigung in der Gesellschaft zu erlangen. Da kann man froh sein, wenn es einem irgendwie gelingt, sein Dasein halbwegs zu fristen!"

13

„Dennoch haben so viele Menschen eine riesige Angst davor, eines Tages einfach nicht mehr da zu sein."

„Das ist alles schon dagewesen."

„Was ist schon dagewesen?"

„Na, dass plötzlich keiner mehr da war."

„Aber jetzt ist ja auch keiner mehr da."

„Vielleicht war da schon was!"

„Was soll denn da gewesen sein?"

„Ich glaub, wenn es noch nicht dagewesen ist, dann passiert hier bald was. Und wenn das passiert, was ich glaube, dann sollte man weit weg sein. Also, wenn das wirklich passiert, dann will ich jedenfalls nicht mehr da sein. Das können Sie mir glauben. Ich sollte sowieso schon längst weg sein."

„Dann bin ich wohl der Einzige, der da bleibt."

„Für Sie wäre es sicher auch besser, wenn Sie bald hier weg wären."

„Ich bleib' jetzt so lange da, bis die wieder hier sind."

„Meinetwegen. Ich bin dann mal weg. Tschüss!"

Weg ist er. Auf und davon. Na schön. »*Ich bin dann mal weg!*«, war der Titel des Buches[1], das so lange auf der Bestsellerliste war, wie vorher kaum ein anderes. Schon komisch, je mehr der weg war, um so mehr war er dann doch da, stellvertretend durch sein Buch. Das wäre eigentlich auch mal ein interessanter Titel: »Ich bin dann mal da!« Aber dann interessiert sich wahr-

1 Harpe Kerkeling: Ich bin dann mal weg! (2006)

scheinlich keiner dafür. Wie viele Leute sind da, und niemand nimmt Notiz davon. Und wenn man weg ist, trauern sie darum, dass man nicht mehr da ist. Die sollten Einem das vorher schon gesagt haben, was ihnen meist erst bei der Verabschiedung oder der Beerdigung einfällt. Jetzt fällt mir ein, das gibt es ja schon. Das Buch heißt: »*Er ist wieder da!*«[2] Das war sofort, als es herauskam, ein Bestseller. Wie viele Menschen waren damals froh, als »er« endlich nicht mehr da war. »Er«, der dafür verantwortlich war, dass so viele andere nicht mehr da sind. Wäre das auch ein Bestseller, wenn mein oder dein im Krieg gefallener Großvater oder Onkel wieder da wäre? Oder jemand von den vielen im Krieg Verschollenen und Vermissten? Nein, »Er«, der all die vielen, die nicht mehr da sind auf dem Gewissen hat, »seine« Wiederkehr wird gefeiert! Oder wenn »Er« nicht der wäre, sondern Kaiser Barbarossa oder Martin Luther-King oder Gandhi oder gar Jesus von Nazareth. Wäre das auch solch eine Attraktion und einen Bestseller wert? Und natürlich nicht nur »Er«, sondern auch »Sie«! Wenn »Sie« wieder da wäre! Hildegard von Bingen, Rosa Luxemburg oder Madame Curie. Oder wenn die Ur-ur-ur...-Großeltern wieder da wären und aus ihrem Leben erzählen könnten. Oder Adam und Eva könnten uns einen Bericht aus erster Hand vom Paradies geben! ...

2 Timur Vermes: Er ist wieder da (2012)

Vielleicht würden wir auf diese Weise so manche Fehler der Vergangenheit nicht wiederholen. Aber dann gäbe es bald nichts Neues mehr. Und Martin Luther mit seinem berühmten Satz: *»Hier stehe ich und kann nicht anders.«* Wenn der immer noch dastehen würde? Wenn der noch so dastehen würde, wie damals! Wer steht heute noch so da? Da reden die Leute immer davon, dass man Präsenz zeigen soll. Ich steh hier ganz alleine da. Offenbar bin ich der Einzige, der hier Präsenz zeigt. Da zu sein und da zu stehen ist heute wohl nicht mehr sehr beliebt. So ist das für mich wirklich ein Stiefmütterchendasein. Da kann man sich schon etwas allein gelassen fühlen. Da glaubt man, man hätte so viele Freunde, und wenn es darauf ankommt, dann ist keiner da. Ein echter Freund ist wirklich da, wenn man ihn braucht. Und sogar auch dann, wenn er längst nicht mehr da ist. Das kann vielleicht auch ein ideeller Freund sein, wie zum Beispiel der Künstler Paul Klee. Als der da war, war ich selbst noch gar nicht da. Und hier steht ein Zitat von ihm:

»Diesseits bin ich gar nicht greifbar.«   Paul Klee

Na ja, der lebt inzwischen nicht mehr, aber die anderen, die jetzt alle weg sind. Die sind ja nicht weg, die sind nur woanders. Die leben doch noch, wollen die etwa auch alle nicht greifbar sein? Manchmal denke

16

ich, Paul Klee ist immer noch da, obwohl er längst nicht mehr da ist. Er ist nicht hier, er lebt nicht mehr unter uns, aber irgendwie ist er doch da. Vielleicht geht es gar nicht so sehr, um das Dasein, sondern um das Hiersein. Ich bin auf jeden Fall hier. Ich wünschte mir, ihr könntet auch hier sein.

> *»Dass uns ein Sanftes geschähe,*
> *wenn uns der Himmel berührt,*
> *wenn seine atmende Nähe*
> *uns ganz zum Hiersein verführt.«* Jean Gebser

Vielleicht muss mancher erst zum Hiersein verführt werden, wie Gebser es sagt. Jetzt möchte ich wirklich mal wissen, wer die alle zum Weg-Sein verführt hat. Hoffentlich bleiben die nicht ganz weg. Selbst der Schriftsteller Bruce Chatwin hatte soviel Anstand seinem Chef in London wenigstens per Telegramm mitzuteilen, dass er für einige Monate in Patagonien sei. Der war zwar weg, aber man wusste wenigstens wohin. Aber hier hat keiner eine Nachricht hinterlassen. Jetzt beruhigt mich das ein bisschen, denn im Radio singt M.M. Westernhagen:

> *»Ich bin wieder hier,*
> *war nie wirklich weg.*
> *Hab'mich nur versteckt…«*
> Marius Müller Westernhagen

17

Oder haben die sich auch nur versteckt? Wenn ich nur wüsste, wovor? Der eben hatte ja was angedeutet.

Das Weglaufen und Wegsein ist bei Männern besonders weit verbreitet. Wenn die mitkriegen, dass sie Vater werden, dann sind sie auf und davon. Nichts mit: »*Hier steh' ich nun, und kann nicht anders*«. Oder einfach… »*Ich steh' zu dir!*« Da würden alle besser dastehen. Stattdessen heißt es ganz lapidar: »*Und Tschüss. Ich bin dann mal weg!*« Die Frauen sagen dann meistens: »*Der soll bloß wegbleiben!*« oder: »*Bleib' da, wo der Pfeffer wächst!*« Wenn die Männer vor der Verantwortung weg laufen. Und die Frauen stehen mit den Kindern ganz alleine da. Und mit ihnen, ihre Daseinssorgen. Wie oft könnten sie ausrufen: »*Es ist zum Davonlaufen!*« Aber das geht ja nicht mehr. Sie sind zum Hiersein verdonnert. Ob sie wollen oder nicht. Wie war dasin dem Gedicht? »*…zum Hiersein verführt?*« Irgendwann wurde jeder mal »*zum Hiersein verführt.*« Rein körperlich. Wem das dann auch geistig-ideell passiert, der braucht nicht mehr wegzulaufen. Ansonsten bewegt sich dieser Mensch in einem Zwischenzustand des Nicht-Ganz-Daseins. *Ich bin dann mal weg*, wird offenbar vielfach als Aufforderung verstanden, vor sich selbst oder vor seiner Verantwortung davon zu laufen. Gemeint ist jedoch eher ein »*Zu-Sich-Kommen*« oder »*Bei-Sich-Sein*«, um anschließend wieder ganz da sein zu können. Nun kommt doch endlich heraus aus euren Verstecken.

18

„Ihr braucht euch nicht mehr zu verstecken. Wir wollten doch gemeinsam… "

Ah, da ist ja der geheime See. Ich werde gleich mal versuchen, ob es funktioniert.

„Buttje, Buttje komm doch her,
aus dem dunklen Schicksalsmeer,
wir wollen ein besseres Dasein haben,
und hoffen reichlich auf deine Gaben!"

Tatsächlich erscheint der Butt, so wie er mir beschrieben worden war: Mit einer goldenen Krone und mit Schuppen aus glitzernden Edelsteinen. Über seinem Kopf ist deutlich ein Heiligenschein zu erkennen. Und dann antwortet der Butt:

„Hast du nicht gesagt WIR?"

Verlegen antworte ich:

„Ja, ich spreche auch für die anderen!"

Ganz nah schwimmt er an mich heran und sagt:

„Aber die anderen sind weg –
geh heim, ihr lebt weiter im alten Dreck!"

Der Fisch verschwindet und ich höre wieder im Radio die Strophe:

»Ich bin wieder hier, war nie wirklich weg.
Hab'mich nur versteckt. Ich rieche den Dreck…
und dann bin ich mir sicher, wieder zuhause zu sein!«

Marius Müller Westernhagen

Und auf einmal sind sie alle wieder da. Sofort liegt ein modriger Geruch in der Luft.

Stell dir vor, es ist JETZT und keiner geht hin!

Leben zwischen nicht mehr und noch nicht

Heilkunst und Farbenpracht©

Norbert Wickbolds
Denkzettel No. 22

Stell dir vor, es ist JETZT und keiner geht hin! Leben zwischen nicht mehr und noch nicht

„Was ist denn *jetzt* los? Was machst du denn jetzt? Wo bist du denn jetzt?"

„Es tut mir leid, ich hab' jetzt keine Zeit."

„Wieso hast du denn *jetzt* keine Zeit? Die Zeit ist doch gerade *jetzt."*

„Nein jetzt wirklich nicht. Vielleicht ein andermal."

„Weißt du denn nicht, was *jetzt* los ist?"

„Ich hab' jetzt noch Termine, sorry!"

„Stell dir vor, es ist *Jetzt* und keiner geht hin!"

„Die Zeit läuft mir davon!"

„Ja es ist deine Lebenszeit, die dir gerade davonläuft. Termine. Die haben alle Termine. Die haben ihr *Jetzt* schon lange verpachtet. Ausgebucht. Ich möchte einen Antrag auf Leben im *Jetzt* stellen! Nein ihr *Jetzt* ist für drei Wochen ausgebucht. Leben ist frühestens in 22 Tagen möglich. Und wer weiß, ob bis dahin nicht neue Termine dazu kommen?"

„In welcher Zeit lebst du eigentlich?"

„Ich möchte gegenwärtig leben – gegenwärtig sein."

„Für so was hab' ich keine Zeit! Ich bin direkt dran am Puls der Zeit."

„Dann bist du wohl deiner Zeit weit voraus?"

„Und du bist eher von gestern?"

„Ich sagte es doch, ich lebe ganz im *Jetzt*. Ganz in der Gegenwart. »Carpe diem« ist mein Lebensmotto!"

23

„Träumst du noch, oder lebst du schon?"

„Die einen träumen von den schönen Zeiten, die einst waren und die anderen von den schönen Zeiten, die erst noch kommen sollen."

„Und wozu zählst du dich?"

„Ich lebe mein Leben – jetzt!"

„Ich habe eher den Eindruck, du träumst dein Leben. Ich hingegen lebe meinen Traum."

„Und dabei verpasst du dann dein Leben?"

„Ich gestalte die Zukunft, von der du eines Tages auch profitieren wirst!"

„Es wird schon viel zu lange an der Zukunft herumgebastelt."

„Ohne solche wie mich, gäbe es überhaupt keinen Fortschritt."

„Dann bist du wohl einer von diesen Weltverbesserern?"

„Soll ich mich deshalb noch schämen? Im Gegenteil, ich bin stolz darauf, die Menschheit ein Stück weit voran gebracht zu haben!"

„Und nachdem du die bessere Zukunft geschaffen hast, musst du erneut an der Verbesserung der Zukunft arbeiten?"

„Das ist der unermüdliche Forschergeist."

„Und während du an der Zukunft arbeitest, verpasst du eine Gegenwart nach der anderen."

„Ich komm' schon auf meine Kosten!"

„Ja eben, und die Kosten werden immer höher und

höher. Erst jagst du dem Geld nach. Und dabei geht deine Gesundheit dahin. Und dann gibst du dein Geld wieder aus, um die Gesundheit zurück zu bekommen. Und darüber gehen dein Leben und all deine Lebensfreude von verloren."

„Es hat nunmal alles seinen Preis...."

„Nein, im *Jetzt* zu leben kostet überhaupt nichts."

„Was nichts kostet, kann auch nichts wert sein!"

„Wahre Werte sind unbezahlbar!"

„Welche zum Beispiel?"

„Den Augenblick genießen."

„Und wenn dieser Augenblick vorbei ist, was habe ich dann noch davon?"

„Solange du dich nicht darauf einlässt, kannst du es nicht erfahren."

„Wenn ich viel Langeweile habe, kann ich das ja mal ausprobieren. Jetzt muss ich auf jeden Fall weiter. Ich hab' noch einen dringenden Termin. Den darf ich auf keinen Fall verpassen!"

„Da eilt er hin, um sich eine bessere Zukunft zu schaffen. Mit Argumenten ist dem nicht beizukommen. Ich merke schon: Im Jetzt leben zu wollen ist gerade so, als würde ich mich mitten auf eine vierspurige Autobahn setzen, um ganz in Ruhe zu meditieren. Menschen, Autos und Ereignisse rasen an mir vorbei und ich muss ständig auf der Hut sein, um nicht von ihnen mitgerissen oder überfahren zu werden. Es ist gar nicht dran zu denken, jemanden dazu zu gewinnen, sich zu mir, zum *Jetzt* zu setzen. Ach, da bist du ja wieder!"

"Ja, stell dir vor, der Mensch ist einfach nicht gekommen. Was soll ich denn jetzt machen?"

"Nichts."

"Wie – nichts?"

"Das ist deine Gelegenheit ganz im Jetzt zu sein."

"Im Jetzt? Ich bin doch nur hier, weil der Typ nicht gekommen ist."

"Stell dir vor, es ist *Jetzt* und keiner geht hin! Der Spruch hieß ja ursprünglich: Stell dir vor, es ist *Krieg* und keiner geht hin! Es kommt mir vor, als würden so viele Menschen Krieg gegen sich selbst führen."

"Krieg gegen sich selbst. Ich glaub' jetzt übertreibst du wohl etwas!"

"Geht's dir auch so? Du kämpfst dagegen an, dass du bei dir selbst ankommst. Durch ein unentwegtes Beschäftigtsein."

"Ich kann das nicht. Ich kann nicht nichts tun!"

"Würdest du nicht am liebsten in den Armen deiner Traumpartnerin liegen?"

"Wäre nicht schlecht!"

"Doch zuvor musst du erst noch dem Drachen den Kopf abschlagen, für eine bessere Welt, für mehr Wohlstand, gegen Krebs usw. kämpfen. Du sehnst dich so sehr nach einem besseren Leben, hast aber gar

26

keine Zeit dein Leben wirklich zu leben. Heute hast du so viele Sorgen und dennoch hoffst du auf ein besseres Morgen. Und morgen hast du neue Sorgen und hoffst, dass es dann wenigstens übermorgen besser wird. Und über all deinem Sorgen und Streben geht dein Leben dahin."

„Wenn du wüsstest, was ich noch alles zu erledigen habe."

„Wenn ich erst die Prüfung bestanden habe…Wenn wir erst verheiratet sind…Wenn erst unser Haus fertig ist…Wenn erst die Kinder groß sind…Wenn ich erst in Rente bin… Ja – was ist dann? Änderst du dann dein Leben oder hast du das bisher getan, wenn du etwas von dem erreicht hast, was du wolltest?"

„Wenn das so einfach wäre."

„Hast du dann dein Leben wirklich verändert?"

„Es kommt eben immer wieder irgend etwas Neues dazwischen."

„Ich frag' dich nochmal: Wann wirst du also machen, was du wirklich willst?"

„Ich kann doch sowieso nie das machen, was ich wirklich will!"

„Warum eigentlich nicht?"

„Es geht halt nicht!"

„Stell dir vor, es gibt einen Krieg gegen dich selbst und du gehst da nicht mehr hin! Du hörst einfach auf, gegen dich selbst zu kämpfen."

27

„*Du meinst, ich kämpfe gegen mich selbst?*"

„Ja, indem du es dir selbst verwehrst, deine Wünsche zu leben."

„*Ich lebe doch meine Wünsche.*"

„Sind es wirklich deine Wünsche. Oder wünschst du dir das nur, weil du es für vernünftig hältst?"

„*Ich will halt immer eine Gelegenheit, die sich mir bietet, gleich beim Schopfe packen.*"

„Da bist du auf der richtigen Spur!"

„*Sind wir uns mal einig?*"

„Wenn du spürst, wann der richtige Zeitpunkt gekommen ist, gelingt es dir auch das Glück beim Schopfe zu packen. Dazu musst du aber gegenwärtig sein."

„*Das ist ganz schön anstrengend.*"

„Wenn die Zeit reif ist, gehen die Dinge mühelos."

„*Mühelos, was ist das?*"

„Stell dir vor, du schließt mit dir selbst deinen Frieden! Dann gingen dir die Dinge viel häufiger mühelos von der Hand."

„*Das hieße, wenn das Leben anstrengend ist, habe ich bisher verkehrt gelebt?*"

„*Denn deine gesamte Vergangenheit ist nur die Geburt des heutigen Tages,* sagt Saint Exypery."

„*Dann war doch nicht alles umsonst?*"

„Wenn du bisher eine mit Terminen gefüllte Zeit hattest, dann leere alles aus. Befreie deine Zeit!"

„Aber ich muss doch noch…Ich kann doch nicht einfach…"

„Wo bist du bei all den Aktivitäten geblieben, wenn du nicht selbst entschieden hast, was zu dir gehört?"

„Ich muss ständig an irgend etwas denken."

„Wenn du denkst, dann bist du da, wo du mit deinen Gedanken bist, jedoch nicht bei dir. Bleib bei dir!"

„Wer kann das schon?"

„Du kannst das. Genau du. Und nur du!"

„Wie soll das gehen?"

„*Es* geht, wenn irgend etwas Unbekanntes geht, auch wenn du dabei weiter bewegt wirst. Doch wenn du selbst bewusst gehst, dann gehst du wirklich. Du gehst. Es existiert in deinem Bewusstsein einzig die Tatsache, dass du jetzt gehst."

„Ich gehe, also geh' ich."

„Das ist es. Deine Augen, deine Ohren, all deine Sinne zeigen dir, was jetzt ist."

„Tatsächlich, jetzt sehe ich und höre Dinge, die mir sonst nie aufgefallen sind."

„Im Jetzt erfüllt sich die Zeit."

„Und wann bereite ich das Neue vor?"

„Genau dann, wenn du im Jetzt bist!"

„Also jetzt!"

Klapperstorch trifft Klapperschlange

Kann das gut gehen?

Heilkunst und Farbenpracht©

Norbert Wickbolds
Denkzettel No. 23

Klapperstorch trifft Klapperschlange
Kann das gutgehen?

Man sagt ja: Klappern gehört zum Handwerk. Hier sind zwei, für die das nicht nur im übertragenen Sinne gilt: Der Klapperstorch und die Klapperschlange.

Also, wenn ich an eine Klapperschlange denke, dann kann mir wirklich angst und bange werden. Das ist sicher verständlich, denn ein Biss kann schon tödlich sein. Zum Glück gibt es hier keine Klapperschlangen. Auf viele Menschen wirken diese jedenfalls sehr furchterregend. Das war jedoch nicht immer so. Es heißt ja, dass im Paradies Mensch und Tier friedlich miteinander umgingen. Da ging von keinem Tier Gefahr für ein anderes aus. Die Tiere ließen einander leben und die Menschen hatten damals noch kein Tier domestiziert. Löwen, Krokodile und Bären waren reine Vegetarier. Und die Schlangen ernährten sich von den Früchten, die zu Boden gefallen waren.
Dennoch muss man sich das Leben im Paradies nicht so einfach vorstellen. Für Adam und Eva war es die Kinderstube, in der es jeden Tag eine neue Lernaufgabe zu meistern galt. Schließlich hatten die beiden keine Eltern, von denen sie alles abgucken konnten. Da war nur der alleinerziehende Vater, der ständig mit anderen Dingen beschäftigt war. Wochentags bekamen sie ihn praktisch überhaupt nicht zu Gesicht.

Nur sonntags war er da, und dann wollte er meist seine Ruhe haben. Dennoch wurde es den beiden nie langweilig, denn es gab im Paradies immer etwas Neues zu lernen.

Einmal saß Eva im Gras unter einem schattenspendenden Baum und betrachtete das Treiben der Tiere. Ganz leise schlich eine Schlange heran und wand sich um einen am Boden liegenden Apfel. Zu Evas Erstaunen, riss die Schlange ihr Maul so weit auf, wie Eva es nie für möglich gehalten hätte und verschlang den Apfel ohne davon zuvor auch nur ein einziges Mal abzubeißen. Der dicke Apfel verursachte auf dem Weg durch den Leib der Schlange eine riesige Beule. Eva hatte nicht bemerkt, dass auch Adam die Schlange beobachtet hatte. Adam sah sofort, wie sehr Eva davon beeindruckt war und so wollte auch er seiner jungen Braut imponieren. Gleich prahlte er: *„Das kann ich auch!"* Sogleich suchte er sich einen geeignet erscheinenden Apfel vom Zweig, der über ihm hing aus, und steckte sich diesen in den Mund. Er versuchte eine Weile vergeblich den Apfel herunter zu schlucken. Gerade wollte er aufgeben, da nahm sich Eva das Früchtchen vor und biss rings herum davon ab, so dass der Apfel kleiner wurde. Als Adam dann den so präparierten Apfel zu sich nahm, bekam er bald einen Schluckreflex und der Apfel passierte seinen Ra-

chen, doch dann blieb er ihm im Hals stecken. Eva
musste erst lachen, weil Adams Hals jetzt wirklich
wie der Leib der Schlange aussah. Adam wollte auch
lachen, aber er brachte nur ein Krächzen hervor. Er
bekam einen roten Kopf und schnappte nach Luft.
Eva wusste nicht so recht, was sie machen sollte, doch
die Schlange hatte bemerkt, dass Adam in Gefahr war.
Sie tat etwas, was sie vorher noch nie getan hatte. Sie
schlug ihre Schwanzspitze so schnell hin und her, dass
es ganz laut klapperte. Damit rief sie Gott herbei, der
schnell helfen sollte. Diese Geschichte ist in die Annalen der Menschheit als die Geschichte vom Adamsapfel eingegangen, oder besser bekannt als der Sündenfall. Aber warum war das ein – nein- *der* Sündenfall?
Konnte Gott keinen Spaß verstehen?
Gott schimpfte mit den Menschen:

> *„Kann man euch denn nicht einmal kurz alleine lassen?*
> *Kaum bin ich mal weg, schon macht ihr dummes Zeug!"*

Eva fand das sehr ungerecht, dass Gott jetzt auch
noch mit ihnen schimpfte und erwiderte:

> *„Kurz alleine lassen? Das ist ja wohl reichlich unter-*
> *trieben. Du lässt uns ja ständig alleine, du bist immer*
> *unterwegs. Nie bist du da, wenn man dich braucht.*
> *Um uns kümmerst du dich nur ganz selten. Diese klei-*
> *ne Schlange sorgt sich mehr um uns, als du!"*

Gott erkannte, dass er seine Aufsichtspflicht vernach-
lässigt hatte und gelobte sich zu bessern. Zunächst

kümmerte er sich wieder mehr um die Beiden. Doch er war eben ein vielbeschäftigter Vater. Nicht nur die Menschen, sondern auch all die vielen Tiere brauchten immer wieder seinen weisen Ratschluss. Das war übrigens die Zeit, als auch die Hühner ihren Sündenfall hatten. Wie bei den Menschen Eva, so schimpfte das Huhn mit ihrem Schöpfer, das sich dieser nicht genug um sie kümmere. Die alte Henne ging dem alten Herrn mit ihrem aufgeregten Gegacker und den alten Geschichten tierisch auf den Wecker. Dann kam ihm die Idee mit dem Ei. Das sollte die Henne dann bebrüten. So war sie erst einmal beschäftigt, konnte nicht weg und Gott hatte ein bisschen Ruhe.

Inzwischen hatten die Menschen in der Schlange einen guten Freund und Lehrmeister gefunden. Die Nachricht von dem Ei im Nest der Hühner und den daraus hervorgekommenen Kücken verbreitete sich wie ein Lauffeuer in der paradiesischen Tierwelt. Und die weise Schlange wusste auch gleich, wie es dazu gekommen war. Sie flüsterte Eva ins Ohr, dass auch sie ein Ei legen und ein Kind bekommen würde. Dabei würde, anders als beim Adamsapfel, Evas Bauch zu einer Kugel anschwellen, so dass man bald sehen würde, wie das Ei heranwächst. Und auch dem Adam flüsterte sie etwas ins Ohr. Zum Schluss richtete sie sich steil auf und sagte mit einem warmen Lächeln:

„Und stell dir in diesem Fall immer eine Schlange vor!"

In der Bibel heißt es einfach: »*Und Adam erkannte Eva.*« Das wichtigste verschweigt die Bibel. Aber im Grunde genommen wissen wir ja alle, was dann geschah. Adam dachte bei sich: »*Der Kavalier genießt und schweigt.*« Deshalb steht davon übrigens auch nichts in den Annalen der Menschheit. Und so gibt es bis heute Streit um diesen Teil der Geschichte.

Die ersten, denen das nach den Hühnern mit dem Nachwuchs gelungen war, waren die Störche. Sie fingen vor Freude lautstark mit ihren langen Schnäbeln zu klappern an. Die Störche mussten den anderen Tieren Rede und Antwort stehen, denn jetzt wollten sie alle ihren Nachwuchs haben. Und tatsächlich: Wo der Storch zu Besuch war, kam bald darauf ein Kind zur Welt. Bei den kleinen Tieren ging es schneller, bei den großen dauerte es etwas länger. So verbreitete sich schnell die Vorstellung, dass der Kindersegen vom Klapperstorch gebracht würde. Das kann natürlich gar nicht sein. Die Bibel schweigt sich über die wahren Hintergründe beharrlich aus. Heute, wie damals wissen wir – und wir sind ganz ohne wissenschaftliche Studien zu der Erkenntnis gelangt – wodurch bei Mensch und Tier der Nachwuchs zustande kommt. Vom Klapperstorch jedenfalls nicht! Vielleicht wäre ein Storch tatsächlich in der Lage ein Menschenbaby durch die Lüfte zu transportieren. Man stelle sich aber vor, die Störche müssten auch den Versand an die Elefanten, Nilpferde und Giraffen von der göttlichen Nachwuchszentralwerkstatt übernehmen. Von den vielen Fischen, besonders den ganz großen, wie den Walfischen ganz zu schweigen. Und vor allen Dingen: Alles ehrenamtlich! Da wären die Störche längst ausgestorben, weil sie gar nicht dazu kämen, sich um ihren eigenen Nachwuchs zu kümmern. Und dabei freuen sie sich doch so sehr über ihren Nachwuchs, dass sie so schön mit den Schnäbeln klappern. Klappern gehört nun mal zu ihrem Handwerk. Und der Nachwuchsversand ist nicht ihr Handwerk!

Ich glaube, als Gott in sechs Tagen Kosmos, Pflanzen- Tier- und Menschenwelt erschuf, hatte er an den Nachwuchs zunächst gar nicht gedacht. Die Sache mit dem Ei war dann aber die geniale Idee. Und Gott selbst brauchte für sein Handwerk nicht zu klappern. Das haben Mensch und Tier selbst übernommen. Jeder nach seiner Art. Vielleicht wollten die Verfasser der Annalen der Menschheitsgeschichte verschweigen, dass Gott sein Schöpfungswerk nachgebessert hat. Warum eigentlich? Nichts ist so gut, als dass es nicht noch verbessert werden könnte! Gott weiß das. Ach ja, ich will ja durchaus eines nicht verschweigen. Die Sache mit dem Adamsapfel spielte sich genau unter dem Baum der Erkenntnis ab. Bis heute kümmern sich vorwiegend die Frauen um die schöne, oft harte Schale und die Männer übernehmen den weichen Kern. So erklärt sich auch, woher der Spruch kommt: *»Raue Schale, weicher Kern.«* Das war die Frucht vom Baum der Erkenntnis!

Klappern gehört zum Handwerk, dachten sich wohl auch die Schreiber der Annalen der Menschheit. So ließen sie erst Adam und Eva mit den Zähnen klappern, weil sie ja von der verbotenen Frucht gegessen hatten und dann als göttliche Strafe für die beiden das Tor zum Paradies von außen zuklappen. Die ersten Menschenkinder waren doch schon lange Schlüsselkinder Gottes. Den beiden muss das viele Geklapper, Geschnatter, Gegrunze und Gebrülle einfach auf die Nerven gegangen sein. Es wurde ja auch immer enger dort. In Wirklichkeit hatte Gott gesagt:

„Ich ziehe mich hier auf mein Altenteil zurück und ihr geht hinaus und erkundet die Welt. Da könnt ihr dann euer eigenes Paradies erschaffen."

Nur gut, dass sie von der Schlange das mit dem Nachwuchs gelernt hatten. Alleine hätten die beiden das nie geschafft. Den Schlüssel zum alten Paradies haben sie irgendwann verloren. Manche glauben, sie würden ihn wiederfinden. Auch wenn sie mit vielen Schlüsseln geklappert haben, den Schlüssel zum neuen Paradies haben Adam und Evas Kinder bis heute nicht gefunden.

So, so, Du glaubst nur was Du siehst...

Ho, Ho, und was ist mit dem

Heilkunst und Farbenpracht©

Norbert Wickbolds
Denkzettel No. 24

So, so, du glaubst nur das, was du siehst... Ho, Ho, und was ist mit dem Weihnachtsmann?

Was werden uns nicht alles für Geschichten erzählt? Im Fernsehen, in der Zeitung, im Internet. Von Prominenten, von Wissenschaftlern, jeder Menge Experten, Freizeitphilosophen und anderen Schlaubergern. Wie soll man wissen, was stimmt, und was nicht? Was kann man überhaupt noch glauben? Manche Menschen sagen einfach: *„Ich glaub' nur, was ich mit meinen eigenen Augen gesehen habe."* Aber wenn etwas geschieht, das sie nicht verstehen können, dann rufen sie staunend aus: *„Ich trau' meinen Augen nicht!"* Es gibt ja Leute, die behaupten, es gäbe für alles eine logische Erklärung. Und auch für die Dinge, die sie sich nicht erklären können, finden sie eine Erklärung. Logisch! Das Unlogische wird logisch gemacht oder zumindest logisch verpackt. Apropos verpackt. Zu keiner Zeit wird so viel verpackt, wie in der Vorweihnachtszeit. Geschenke über Geschenke. In der himmlischen Werkstatt werden sie von Engelshand geschaffen und liebevoll verpackt. In schneeweißen Gewändern sind beflügelte Engel mit güldenem Engelshaar eifrig damit beschäftigt, die Wünsche der Erdenbürger zu erfüllen. Und wer verteilt all die vielen Geschenke? Richtig – der Weihnachtsmann! Glauben Sie an den Weihnachtsmann? Nein? Sie haben wohl schon lange nichts mehr zu Weihnachten bekommen.

Und dann ist da ja auch noch der Knecht Ruprecht. Sie wissen schon, der mit der Rute. Der bestraft die Kinder, die nicht artig waren, zum Beispiel, weil sie Mama und Papa widersprochen haben. Wir hatten damals den Spruch aufzusagen:

„Lieber guter Weihnachtsmann,
schau' mich nicht so böse an,
stecke deine Rute ein,
ich will auch immer artig sein!"

Und die Erwachsenen? Die stehen lächelnd daneben, weil sie mit ihren eigenen Missetaten unerkannt und ungestraft davon kommen. Nur die Geschenke, die die Erwachsenen bekommen, werden immer kleiner. Aber ist das eine gerechte Strafe? Warum bestraft Knecht Ruprecht oder auch der Weihnachtsmann die Erwachsenen nicht höchstpersönlich? Zum Beispiel den Papa, der mit der Nachbarin ein heimliches Verhältnis hat, oder Opa, der im Krieg Menschen umgebracht hat. Oder Tante Gerda, die erst vor kurzem ihren eigenen Mann angelogen hat. Und bei... Es gäbe viele Erwachsene, die einen himmlischen Strafzettel bekommen müssten, aber die Strafen werden alle fürs jüngste Gericht aufgehoben. Und dann, Gnade euch Gott! Daran glauben heute allerdings nicht mehr viele Menschen. Ist wohl auch besser so. Wer weiß, was die alles schon angestellt haben. Da ist es besser, man glaubt erst gar nicht an den lieben Gott und auch nicht an den Weihnachtsmann. Woher soll man wissen, ob Gott sich das nicht plötzlich anders überlegt, so dass Knecht Ruprecht an Weihnachten anfängt auch die Erwachsenen zu bestrafen? Mit solchen Geschichten von der Strafe Gottes hat man die Menschen schon viel zu lange in Angst und Schrecken versetzt.

Sie halten die Geschichte vom Weihnachtsmann und vom Knecht Ruprecht für unglaublich? Es gibt zwar die Bezeichnung: »unglaublich«, aber hat jemals jemand davon gehört, dass etwas »unwissbar« sei? Und was früher als undenkbar gegolten hat, ist heute denkbar einfach, wie zum Beispiel, mit einem Flugzeug über den Atlantik nach Amerika zu fliegen. Woher wollen wir wissen, ob wir das, was wir jetzt nicht wissen, nicht doch eines Tages wissen werden?

Als Marco Polo nach seiner Rückkehr den Zeitgenossen die Erlebnisse seiner Chinareise schilderte, wollten ihm viele nicht glauben. Für die meisten Menschen war es unmöglich oder streng verboten zu reisen, geschweige denn in ferne Länder. Aus diesem Grunde waren der Fantasie keine Grenzen gesetzt. Es wurden die verrücktesten Geschichten erzählt. Und denjenigen, die nie ihre gewohnte Umgebung verließen,

ließen, konnte man leicht einen Bären aufbinden. Es gab Berichte von Ungeheuern, oder von feuerspeienden Drachen, von Seeschlangen, vom Lindwurm, von Riesen und Zwergen oder von Menschen, die in heißen Ländern wohnen und einen riesengroßen Fuß hätten, den sie, einem Sonnenschirm gleich in die Höhe recken könnten, um sich vor der heißen Sonne zu schützen. Ausserdem glaubte man, dass die Erde eine Scheibe sei, die von einem Bretterzaun begrenzt würde, damit niemand von ihr ins Bodenlose fallen könne.

Als kleiner Junge hatte ich die Idee, es könnte doch ganz anders sein, als die Lehrer und Erwachsenen uns immer erzählen. Ich dachte mir, wenn auch viele Menschen spannende Geschichten über Afrika oder Amerika erzählen, wie kann ich wirklich wissen, ob das überhaupt stimmt? Ich bin doch noch nie dort gewesen. Das hab' ich noch nie mit eigenen Augen gesehen! Vielleicht gibt es ja gar kein Amerika und alles ist nur erfunden! Da könnte ich genauso gut sagen, vielleicht ist die Erde ja doch keine Kugel. Und wenn ich nicht aufpasse, dann falle ich wirklich herunter. Oder der Bretterzaun am Ende der Welt ist längst verrottet und man merkt erst, dass man zu weit gegangen ist, wenn es schon viel zu spät ist… Nicht auszudenken! Nein, es gibt keinen solchen Bretterzaun! Natürlich,

Bretterzäune gibt es viele, und mancher Zaun mag sich auch in einer Gegend befinden, in der sich Fuchs und Hase gute Nacht sagen und der Hund begraben ist, zum Beispiel in dem Ort Köterende. Aber auch hinter Köterende geht es weiter. Auch nach Köterende kommt noch was! Es gibt ja wirklich Gegenden, da sind die Leute so vernagelt, dass man denken könnte, der berühmte Bretterzaun kann wirklich nicht mehr weit sein. Dort erzählen die Leute dann, dass Afrika nicht weit weg sein könne, weil hier ein Afrikaner arbeitet, der täglich von Zuhause mit dem Fahrad komme.

Da ist es schon besser, sich auch mal weiter vor zu wagen. In bisher unbekannte Gebiete. Hinterm Horizont geht`s wirklich weiter! In beide Richtungen geht der Horizont weiter. Nicht nur gen Osten, sondern auch gen Westen. Westwärts nach Indien segeln und das Paradies entdecken. Und weil Columbus keinen neuen Weg gen Indien, sondern eben nur das Paradies gefunden hatte, wurde das Paradies geplündert und zerstört und der Entdecker als Lügner beschimpft. Hätten wir uns immer nur an dem orientiert, was wir sehen können, dann wäre Amerika wohl nie entdeckt worden. Machmal ist es wichtiger, an das zu glauben, was wir mit unserem inneren Auge sehen, als uns von den vermeintlichen Realitäten täuschen zu lassen.

47

Wenn ich nur das glaube, was ich sehe, bin ich zwar immer auf der sicheren Seite, aber das Leben wird auf Dauer auch ganz schön langweilig. Und vor allen Dingen, bleibe ich immer auf andere angewiesen. Wieso? Weil dann die anderen die Realitäten schaffen, an die ich erst dann glaube, wenn ich sie beobachten kann. Ich bin erst dann bereit die Welt zu verändern, wenn sie schon von anderen verändert wurde. Wie soll ich etwas Neues bewerkstelligen, wenn ich mich nur an der vorgefundenen Wirklichkeit orientiere? Andere sollen mir die Sicherheit bieten, die ich in mir selbst nicht finden kann. Ich halte nur für möglich, von dem ich weiß, dass es längst Realität ist. Indem ich das, was inzwischen zur Realität geworden ist, als absolute Tatsache ansehe, kann es mir nicht mehr gelingen das zu erkennen, was bisher nur eine mögliche Realität ist.

Nur an das zu glauben, was ich sehe, ist erst dann die richtige Einstellung, wenn es sich um meine innere Vision handelt. Diese Erkenntnis hat mir die Augen geöffnet. Und zwar nach Innen. In eine neue, viel reichere Welt der inneren Visionen und Ideen. Diese Welt war vorher auch schon da. Sie wurde aber durch den hellen Schein der äusseren Erscheinungswelt überstrahlt. Erst wenn das innere Licht angezündet wurde und erleuchtet ist, kann es nach aussen strahlen und in die Welt hinaus wirken.

Der geniale Bildhauer Michelangelo hatte die Fähigkeit, die Dinge in den Steinen, die er zu bearbeiten beabsichtigte, zu erkennen, um sie dann durch seine Kunst auch für andere Menschen sichtbar zu machen. Es ist wie mit dem Ei des Columbus. Jeder wusste, dass es nicht möglich ist, ein Ei auf die Spitze zu stellen. Columbus nahm ein Ei und stellte es mit Schwung auf die Spitze, sodass es eingedrückt wurde und dadurch eine Standfläche bekam.

Ob Columbus, moderne Wissenschaftler und Forscher, Künstler oder Menschen, wie du und ich: alle großen Erfindungen und Entdeckungen sind zuerst im Inneren gemacht worden, bevor sie in der äußeren Welt zur Realität wurden. So gab es zum Beispiel erst die Idee, dass es elektromagnetische Wellen geben müsste, und anschließend wurden diese tatsächlich nachgewiesen. Die Vision schafft die Realität. Wer bereit ist, an das mit den inneren Augen gesehene zu glauben, kann wirklich etwas bewirken. Wie groß oder klein dies auch sein mag. Der Glaube an die eigene Vision hat die Kraft, Berge zu versetzen. Nur diejenigen, die nicht bereit sind oder es nie gelernt haben, auf ihre inneren Visionen zu vertrauen, müssen auch als Erwachsene darauf hoffen, dass ihnen eines Tages der Weihnachtsmann das Gewünschte nach Hause bringt.

Schwarze Löcher und weisse Riesen

Vom Schwarzmalen zum Weissmachen

Heilkunst und Farbenpracht©

Norbert Wickbolds
Denkzettel No. 25

Schwarze Löcher und weisse Riesen –
Vom Schwarzmalen zum Weissmachen

Als ich ein kleiner Junge war, hörten meine Eltern gerne alte Lieder, die sie als Evergreens bezeichneten. Eines hatte mich besonders beeindruck:

> *„Die Männer sind alle Verbrecher*
> *ihr Herz ist ein finsteres Loch*
> *hat tausend verschied´ne Gemächer*
> *aber lieb, aber lieb sind sie doch.“* [1]

Das war praktisch das erste Mal, dass ich mich mit einem Paradoxon auseinandersetzte. Denn paradox war das schon, dass hier alle Männer als Verbrecher bezeichet wurden, die aber dennoch ganz lieb seien. Und dass das Herz der Männer generell ein finsteres Loch sein sollte, hatte mich als Jungen etwas irritiert. Damals wusste ich noch nicht, dass die Astrophysiker – zu der Zeit waren das nur Männer – selbst die Idee hatten, dass es im Weltall schwarze Löcher geben würde. Inzwischen sind sie davon überzeugt, dass jede Galaxie in ihrem Zentrum ein solches schwarzes Loch hat. Das bildet sozusagen das Herzstück der Galaxie. Alles, was diesem schwarzem Loch zu nahe kommt

---

1 Text: Rudolf Bernauer und Rudolph Schanzer aus der Operette "Wie einst im Mai", uirauffgeführt am 4. Oktober 1913 im Berliner Theater in Berlin Musik: Walter Kollo

wird von ihm einfach verschluckt. Sogar das Licht. Es gibt nichts wieder her. Welch ein Verbrecher! Wenn alles in diesem schwarzen Loch verschwindet, dann muss es ja tausend verschiedene Gemächer haben. Logisch. Nachdem ich davon erfahren hatte, war ich schon etwas beruhigter. Denn offenbar beschrieb das Lied die schwarzen Löcher weit draussen im Weltall und nicht die Männer, die hier auf Erden wandeln. Bloß das: „*aber lieb sind sie doch,*" will nicht so recht zu den schwarzen Löchern passen. Haben die männlichen Forscher das schwarze Loch nur entdeckt, um ihre männliche Ehre zu retten? Aber dann, als Jugendlicher, als ich begann, mich für die Frauen zu interessieren, war ich doch etwas enttäuscht. Denn die Frauen erklärten mir, da ich ein sehr stiller Zeitgenosse war, dass stille Wasser ja bekanntlich sehr tief seien. Was konnte ich damit anfangen?

Das mein Herz, ein finsteres Loch sei, das konnten sie sich jedenfalls nicht vorstellen. Und da sie wohl auch glaubten, dass ich keiner Fliege etwas zuleide tun könne und auch keiner Frau wirklich gefährlich werden könne, und somit rein gar nichts von einem Verbrecher habe, hatten sie einfach kein Interesse an mir. Das Paradoxon der weiblichen Logik ist mir, wie vielen Männern, bis heute ein ewiges Rätsel geblieben. Dafür war mein Herz bald, durchaus kein finsteres Loch, sondern eher ein schwarzes Loch. Ich war zwar kein Verbrecher geworden, dafür hatte ich die Kunst des Schwarzmalens perfektioniert. Jeder, der sich mir näherte, sah nur noch schwarz und dann waren sie alle weg. Sie verschwanden auf Nimmerwiedersehen. Das wollte nun mal niemand haben. Und ich eigentlich auch nicht. Schwarze Löcher sind einsam. Damit niemand mehr verschwinden musste, übte ich mich selbst in der Kunst des Verschwindens. Ich war zwar da, aber unsichtbar. Auch das kam nicht an.

Die Menschen wollen einfach was zu sehen bekommen. Deshalb lassen sich die Leute viel lieber etwas weissmachen. Zum Beispiel: die Wäsche. Dafür gibt es dann den weissen Riesen. Das ist der mit den vielen Weissmachern. Aber nicht nur den. Damals wurden im Fernsehen die Frauen immer gefragt: Würden Sie den weissen Riesen gegen die doppelte Menge eines anderen ... eintauschen? Wie, gegen zwei dünne Heringe? Oder gegen zwei weisse Zwerge? Die Frau die einmal einen weissen Riesen ihr eigen nennen konnte, wollte den auf keinen Fall wieder hergeben. Wenn ein starker Mann kommt, und ihnen was weissmacht, werden viele Frauen schwach. Aber nicht nur die Frauen. Wenn uns die Großen dieser Welt mit der immer weissen Weste kommen und uns etwas weissmachen, wollen wir gar keine anderen haben. Die tauschen wir nicht gegen die doppelte Menge einer anderen Weisheit ein.

Es gibt mehr weisse Riesen, als wir gemeinhin denken. Wobei es sich vielfach nur um Scheinriesen handelt. Nicht zu verwechseln mit einem Riesenschein, also einem großen Geldschein. Die sind ja sowieso nicht weiss, erst recht nicht, wenn es sich um Schwarzgeld handelt, aber dass ist ein anderes Thema. Ein Scheinriese ist jemand, der um so größer zu seien scheint, je weiter wir von ihm entfernt sind. In der Nähe sind diese Leute genauso groß wie du und ich. Oder gar noch kleiner. Für viele Menschen macht gerade das die besondere Größe, zum Beispiel der Adligen aus. Das gibt es durchaus nicht nur bei den Riesen mit der weissen Weste. Auch auf die sogenannten Weisskittel, die Ärzte, trifft das zu. Die kennen sich besser in all den tausend Gemächern unseres Körpers aus, als wir selbst. Es gibt sogar – wenigstens zeitweise – weisse Riesen, die tatsächlich nur zu unserem Vergnügen existieren. Das sind ganz coole Jungs. Weisser Schnee mit roter Nase. Hier seine Geschichte:

> „Draußen im Weltall, nicht auf der grünen Wiese,
> gibt 's schwarze Löcher und ganz weisse Zwerge.
> Nur in der Werbung existiert der weisse Riese,
> er wäscht mit Freude ganz hohe Wäscheberge.
> Im Winter wächst ganz anderer Riesen Pracht,
> aus Schnee formt man dann die weissen Riesen.
> Wenn dann die wärmende Sonne wieder lacht,
> werden sie zu weissen Zwergen auf grünen Wiesen."

Einer darf in dieser Aufzählung auf keinen Fall fehlen: Gott, der über allem thront. Es handelt sich um unseren hohen Herrn. Im Grunde genommen gehört er an aller erster Stelle genannt. Es gibt Menschen, die stellen sich auch den lieben Gott wie eine Art weissen Riesen vor: Ein großer weiser alter Mann mit einem langen weissen Bart und gekleidet in einem bodenlangen weissen Gewand. Obwohl es wohl schon Jahrhunderte her ist, dass ihn jemand zu Gesicht bekommen hat, hat sich für viele Menschen dieses Bild tief eingeprägt. Auch wenn niemand ihn je sah, glauben wir ganz gewiss, er ist doch da. Meist heisst es einfach, Gott wohnt im Himmel. Die Astrophysiker sagen uns, dass sich unser Sonnensystem, mitsamt unserer Erde am Rande der Milchstraße aufhält. Die Milchstraße besteht aus vielen Milliarden Sternen. Im Zentrum dieser Galaxie befindet sich ein riesiges schwarzes Loch, dass noch niemand gesehen hat.

Da frage ich mich: Könnte das der Bereich sein, in dem sich Gott aufhält? Er ist für Niemanden erreichbar und kann ungestört alles Geschehen in der Milchstraße und auf unserem winzig kleinen Planeten Erde regeln. So richtig kann ich mich mit diesem Gedanken allerdings nicht anfreunden. Ich mag mir den lieben Gott einfach nicht in einem schwarzen Loch sitzend vorstellen, der von dort alle Fäden zieht. Das klingt fast so, als sei Gott eine große schwarze Spinne, die in ihrem Netz sitzt. Soll ich mal ganz ehrlich sein? Das wäre doch wohl eine Beschreibung, die eher zum Reich des Teufels passen würde. Denn der göttliche Bereich ist die Welt der Milliarden hell erstrahlten Sonnen, von denen ab und zu mal eine ins schwarze Loch fällt. Das würde bedeuten, dass die göttliche Welt mit ihren Milliarden Sonnen den schwarzen Pfuhl des alles verschlingenden Teufels umkreist? Alles Licht, ja ganze Sterne verschwinden auf Nimmerwiedersehen, weil sie der Anziehungskraft des schwarzen Loches nicht wiederstehen konnten. Aus der göttlichen Perspektive sind die kleinen Teufelchen gefallene Engel, die nun im finsteren Loch mit den tausend verschiedene Gemächern hausen müssen. In die Finsternis gefallene Lichtgestalten. Für Mephisto ist der Sachverhalt genau umgekehrt:

> *»Ich bin ein Teil des Teils, der anfangs alles war,*
> *Ein Teil der Finsternis, die sich das Licht gebar,*
> *Das stolze Licht, das nun der Mutter Nacht*
> *den alten Rang, den Raum ihr streitig macht.«*

Für die modernen Forscher und Entdecker sind und bleiben Gott und Teufel weisse Flecken auf der Landkarte ihrer Forschungsgebiete. Ich wollte doch nicht immer nur Schwarzsehen. Aber wenn es sogar im Himmel überall schwarze Löcher gibt, weiß

ich gar nicht mehr so sicher, ob ich dann am Ende
wirklich in den Himmel kommen will. Andererseits:
Von Ewigkeit zu Ewigkeit in einem dieser finsteren
Gemächer festgehalten werden? Das ist auch keine
Alternative.

Als ganz naiver Laie frage ich mich jetzt natürlich:
Gibt es vielleicht irgendwo ein von den Wissenschaftlern noch unentdecktes weisses Loch? Rein aus Grün-
den der Symmetrie, würde ich das einfach logisch finden. Das denken auch die Astronomen, aber bisher
haben sie kein weisses Loch gefunden. Gab es das nur
einmal, als Gott die Welt schuf? Das weisse Loch als
Quelle des Lichts für die ganze Welt!

Ich denke mir, vielleicht sind all die Sterne am Himmel ja in Wirklichkeit aus diesem weissen Loch, dem
göttlichen Urgrund hervorgegangen. Ich kann meinen eigenen Stern in mir tragen und dadurch selbst
in seinem Licht erstrahlen. Ich kann selbst die Quelle
des Lichts in mir haben. Statt in der Dunkelheit zu
versinken, kann mein Selbst zum weissen Loch werden, um selbst im Licht zu erstrahlen. Und in Liebe!
Jetzt geht mir ein Licht auf. Ich muss nichts mehr
schwarz malen. Das weisse Loch ist in mir. Aus der
Dunkelheit strebe ich zum Licht, lächle und singe:

„Aber lieb, aber lieb sind sie doch!"

Erzähl nichts von

QUARKs,

sondern komm endlich zum KERN der Sache!

Heilkunst und Farbenpracht©

Norbert Wickbolds
Denkzettel No. 26

Erzähl nichts von QUARKs, sondern komm endlich zum KERN der Sache!

An Weihnachten gibt es Quarkstollen. Im Frühling Frühlingsquark. Im Sommer dann den Früchtequark. Im Herbst werden uns mit Quark gefüllte Ofenkartoffeln serviert. Und so manche knusprige Angelegenheit auf einem reich gefüllten Teller erweist sich als Quarkbällchen. Jetzt möchte ich bloß mal wissen, wann hat der ganze Quark eigentlich angefangen? Hier nun die Geschichte:

Der Quark – und wie er in die Welt kam!

Was war zuerst da, die Welt oder der Quark? Ich ahne es ja fast, das läuft jetzt schon wieder auf eine Art Schöpfungsgeschichte hinaus. Ich denke mir, nein erzähl' jetzt bloß nichts vom Quark. Es heißt ja, Gott setzte sich hin und schuf aus Lehm den ersten Menschen. Und überhaupt die ganze Welt. Stimmt das überhaupt? Stammt nicht das Rezept für die Welt aus dem himmlisch-göttlichen Kochstudio? Oder müssen wir uns erst in Teufels Küche begeben? Jedenfalls klagt Mephisto, laut Goethe, vorm Herrgott über den Menschen: »*In jeden Quark begräbt er seine Nase.*« Der Geheimrat sah ihn als Doktor Faust in seiner Stube umher rennen und mit Worten ringen: »*Dass ich erkenne, was die Welt, im Innersten zusammen hält…*«

Was, also ist genau des Wesens Kern? Das möchten die Physiker natürlich wissen und wir ebenfalls. An einen Gott als Zauberer wollten sie nicht glauben, aber an einen Kochkünstler. Sie stellten sich den Atomkuchen wie einen Rosinenzopf vor, in den die Teilchen wie Rosinen in den Hefeteig gestreut wurden. Ganz groß in Mode kam daraufhin der Zwiebelschalenlook. Bisher hatte man geglaubt, dass Atome die kleinsten Teile seien. Die Elektronen kreisen, wie vom Mixer angetrieben, nur auf bestimmten Schalen und auf vorgeschriebenen Bahnen um den kleinen Kern herum. In Wirklichkeit sausen die Elektronen so schnell um den Kern herum, dass niemand genau sagen kann, wo sie sich gerade befinden. Der Kern setzt sich zusammen aus Teilchen, die man sich wie winzige Kügelchen vorstellen muss. Diese Kügelchen oder Bällchen heißen entweder Protonen, weil sie mit einem Positron gewürzt wurden und dadurch positiv geladen sind oder Neutronen, die ungewürzt sind. Sie drücken sich in genau vorgeschriebener Zahl aneinander. Und was ist es wiederum, was diesen Kern zusammenhält?

Auch im Inneren jedes Protons gibt es ein Ziehen und ein Drücken. In dieser Enge müssen alle noch mehr zusammenrücken. Die Entdeckung geht auf eine flachsige Bemerkung von James Joyce in einem seiner Werke nach dem Besuch eines Bauernmarktes in Deutschland zurück: » *Three quarks for muster Mark.* « [1] Er hatte das Wort *Quark* möglicherweise vorher noch nie gehört (Die Briten und Iren kannten damals noch keinen Quark!). Deshalb wusste er auch nicht, dass es Quark gar nicht in der Mehrzahl gibt, jedenfalls nicht sprachlich, sondern höchstens in Form von Quark-bällchen. Quarkbällchen als Kitt der Welt, der sie zu-sammenhält?

Und tatsächlich! Die Teilchenphysik hat diese Quarks dann wirklich entdeckt. Im Inneren des Protons, hat sie herausgefunden, gibt es die Energiefelder von drei Quarks, die durch ihr auf und ab als *»Ups«* und *»Downs«* gewissermaßen eine Einheit bilden. Ist das die heilige Dreifaltigkeit der Kernphysik? Leider ist das nicht so einfach, denn diese Quarks finden auf dem Achtgliedrigen Pfad zusammen. Die Quarks be-nehmen sich eher buddhistisch als christlich. Es gibt Quarks und ausserdem Antiquarks und zwar jeweils in sechs verschiedenen Sorten, die die Wissenschaft der Einfachheit halber als Farben bezeichnet. Einfa-cher ist die Welt aber nicht geworden. Schon heute fragen uns die Physiker: Wollt ihr den totalen Quark?

1 James Joyce. Zitat aus Finnegans Wake :» Three quarks for muster Mark, sure he hasn`t got much of a bark, and sure any he has it`s all beside mark «

So ist der Quark also in die kleine Welt, in die Welt der Atome gekommen. Ich werde das komische Gefühl nicht los, dass es immer mehr Menschen gibt, die einfach nur Quark im Kopf haben. Oder Quarks?

Aber wie ist der Quark dann von den Atomen in die große Welt gelangt? Zunächst gab es ja den Frosch, der in einem Glas saß, in dem sich eine Leiter befand. Dieser Frosch bildete sozusagen die Urform der Wettervorhersage. Immer wenn der Frosch die Leiter hochging, so glaubte man, würde das Wetter besser werden. Dieser Wetterfrosch hatte eine lange Tradition. Jedenfalls hatten sich die Menschen dadurch an das Gequarke bei der Wettervorhersage gewöhnt. Irgendwann haben die Menschen dann aber eingesehen, dass ein Frosch in den Teich und nicht ins Glas gehört. Auch wenn ihm da die Enten nach dem Leben trachten. Drei Tage war der Frosch so krank, jetzt quarkt er wieder, Gott sei dank! Bei Wilhelm Busch raucht der Frosch wieder, aber ich will ja keine Werbung fürs Rauchen machen.
Die heutigen Wettervorhersagen kommen ganz und gar ohne Frosch aus, dennoch kommt dabei durchaus nicht weniger Quark heraus. Das kennen wir ja auch sonst vom Fernsehen. Manche behaupten ja, die vom Fernsehen seien auf Quark spezialisiert. Und tatsächlich: Durch einen Übersetzungsfehler ist aus Quark

erst »*twark*« und schließlich »*talk*« geworden. Im Laufe der Zeit haben sich beide durchgesetzt. Inzwischen gibt es genauso viele Kochshows wie Talkshows. Es heißt ja im Volksmund: *»Wer den Talk nicht ehrt, ist den Quark nicht wert.«* Bei der Talkshow heißt der Muster Mark für den Quark, Mister Talk. Der wird meist einfach Talkmaster genannt. Ausser dem Talkmaster gibt es mindestens drei Teilnehmer. Es sind immer Menschen aus der großen Gesellschaft. Große Persönlichkeiten sollen große Lösungen für große Probleme finden. Three Quarks and Mister Talk? Wie bei den Quarks der Teilchenphysik gibt es auch hier immer die »*Ups*« und die »*Downs*«. Die Teilnehmer haben auf ihrem Schoß einen imaginären Teller, auf den sie ihre imaginären Quarkbällchen anhäufen. In dem Gespräch geht es munter auf und ab, und hin und her, so dass einem bald schwindlig wird. Da wird der Quark dann verbal so lange durchgerührt, dass man glauben könnte, dass die sich gleich gegenseitig mit ihren imaginären Quarkbällchen bewerfen. Mit Torten gab es das ja schon. Erst das Wortduell, dann das Quarkduell. Am Ende fragen uns die Talkmaster: Wollt ihr den totalen Quark? Doch bevor die sich wirklich bewerfen, wird die Sendung schnell beendet. Ich frage mich, muss das so sein? Könnten die nicht wirklich zusammmen was Gutes kochen? Es muss ja nicht bei allem immer nur Quark herauskommen.

Nein, wir wollen den totalen Quark gar nicht. Wir wollen, dass die bei ihrem schlauen Gerede endlich zum Kern der Sache kommen. Wir wollen, dass dabei wirklich etwas Brauchbares herauskommt. Anstatt dass jeder sein eigenes Süppchen kocht, sollte dabei endlich mal was Geschmackvolles zustande gebracht werden.

In der kleinen Welt werden durch das »*Up*« und »*Down*« der Quarks die Atome im Kern zusammengehalten. In der großen Welt kommt nur selten etwas zusammen. Wer will denn, dass uns der ganze Quark um die Ohren fliegt? Wir wollen wissen, was die Welt als Ganzes zusammenhält. Wir wollen wissen, wie wir Menschen, so unterschiedlich wir auch gepolt oder gewürzt sind, dennoch zusammenfinden!

Das Muster von Mister Talk ist der alte Quark von: These – Antithese und Synthese. Den größten Unterhaltungswert hat eine Talkshow, wenn sie zeigt, dass zwischen These und Antithese Welten liegen. Die Teilnehmer verschanzen sich verbal hinter hohen Mauern. Nicht Welten, sondern Gräben, die für immer unüberwindbar bleiben werden, liegen zwischen ihnen. Wie die zu einer Synthese zusammenfinden können, das weiß niemand in der Talkshow zu sagen. Keiner der Akteure hat eine Ahnung davon, was die große Welt wirklich zusammenhält. Und dennoch hält die große Welt zusammen! Glaubt man der Show der Großen, dann müssen wir befürchten, dass uns bald der ganze Quark um die Ohren fliegen wird. Warum wollen die Großen denn immer ihre »*Abwärts-Talker*« und »*Anti-Abwärts-Talker*« zusammenbringen? Der »*Aufwärts-Talker*« kommt nur selten zu Wort.

Während die Quarks längst schon in Harmonie auf dem achtgliedrigen Pfad wandeln, könnten wir Menschen sicher noch etwas Wichtiges von ihnen lernen. Bei den Quarks finden nur jeweils zwei »*Aufwärts-Quarks*« und ein »*Abwärts-Quark*« zusammen. Oder zwei »*Aufwärts-Antiquarks*« und ein »*Abwärts-Antiquark.*« Und diese drei sind dann unzertrennlich. So sind es die Kleinen, die die große Lösung haben.

> *„Schaut nicht immer nur auf die Großen.*
> *Die können uns doch nur noch erboßen.*
> *Ihre Lösungen können uns nicht weiter bringen.*
> *weil sie immer nur den gleichen Quark besingen.*
> *Über die Kleinen haben sie stets gescherzt und gelacht,*
> *doch nur sie wissen wirklich, wie man's richtig macht!*
> *Achtet endlich auch die vielen Kleinen dieser Welt,*
> *weil nur durch sie die große Welt zusammenhält. "*

Der Urknall

Neue Folge!

Heilkunst und Farbenpracht©

Norbert Wickbolds
Denkzettel No. 27

Der Urknall
– Neue Folge!

Also, jetzt muss ich die Sache mit dem Urknall nochmal ganz neu besprechen. Neulich hatte ich einem Freund erklärt, was es mit dem Urknall auf sich hat. Ich stellte ihm gegenüber dar, wie schon in meinem Denkzettel Nr. 2 geschildert, dass es sich beim Urknall in Wirklichkeit um den Urschrei Gottes gehandelt haben muss. Ich war schon etwas stolz auf meine ungewöhliche, rein gedanklich gemachte Entdeckung. Doch dieser Freund erklärte mir erst einmal, dass ich die Sache noch gar nicht in ihrer ganzen Tragweite erfasst hätte. Die Sache sei aber sehr, sehr heikel, weshalb er unbedingt anonym bleiben wolle.

Auch er habe sich schon vor langer Zeit Gedanken über den Urknall gemacht und so sei für ihn meine Entdeckung längst nicht mehr neu. Er bestätigte mir, dass es nur wenige Freizeitphilosophen gäbe, die so weit gekommen seien, wie ich. Dennoch müsse er mir jetzt unbedingt klar machen, welche Folgen die Ereignisse, die mit dem Urknall zusammenhängen, für uns heutige Menschen haben. Dass er mich als einen gewöhnlichen Freizeitphilosophen bezeichnete, hat mich schon etwas geärgert. Jedenfalls erklärte er mir folgendes: „Für einige moderne Wissenschaftler begannen die Ereignisse um den Urknall, der nach ihren Berechnungen vor 13,8 Milliarden Jahren stattfand, allesamt durch den Kollaps eines gigantischen Sterns, der sich daraufhin in kürzester Zeit zu einem winzigen schwarzen Loch verdichtete. Das ganze Universum konzentrierte sich damit auf einen Punkt. Dieses schwarze Loch hatte vier Raumdimensionen und war umhüllt von einem Universum mit drei Raumdimensionen. Daraus wurde schließlich unser ganzes Universum. Auch die mysteriöse, rein hypothetische, dunkle Materie hatte bei der späteren Sternentstehung eine wichtige Aufgabe zu erfüllen. Die Wissenschaft dringt in immer unvorstellbarere Bereiche vor. Ich habe die Sache stark vereinfacht. In Wirklichkeit – oder in den Erklärungen, die die Wissenschaft für wirklich hält, also in Wirklichkeit ist das viel, viel komplizierter."

Er fuhr mit seinen Ausfhrungen fort:

„Die alten Mythen sind da wesentlich anschaulicher. So heisst es in der Bibel: Gott schuf den Menschen nach seinem Bilde. Deshalb muss der liebe Gott genauso aussehen wie wir Menschen. Oder besser gesagt, der Mensch sieht aus wie Gott. Jedenfalls hält sich deshalb so mancher Mensch für einen kleinen Gott. Das würde nicht nur für solche Freizeitphilosophen wie mich gelten, stichelte er."

Am liebsten hätte ich ihm einen kleinen Klapps verabreicht – oder auch einen größeren. Doch hört, was er weiter sagte:

74

„Wenn die Menschen noch ganz klein sind, gerade frisch geboren wurden, also praktisch noch in ihrem Urzustand sind, dann passiert mit diesen kleinen Göttern genau das gleiche. Merkst du was?"

„Was heißt, das gleiche?"

„Also was macht man mit einem Neugeborenen, nachdem es den Mutterleib verlassen hat?"

„Man freut sich über den neuen Erdenbürger!"

„Nein, ich meine vorher."

„Man legt das Neugeborene der Mutter an die Brust."

„Noch vorher."

„Ich weiß nicht, was meinst du?"

„Man knallt ihm einen Klapps auf den nackten Hintern! So ist das. Das ist der Urknall, den jeder erlebt. Und was macht das neu geborene Baby in dem Moment? Es erschrickt sich gewaltig, holt Luft und fängt sofort an, laut zu schreien. Und das ist dann der persönliche Urschrei dieses kleinen Gottes. Deshalb heisst es ja: »*Die Kinder Gottes.*« Merkst du jetzt, was ich meine? Immer noch nicht?"

Ich tat so, als sei ich total beeindruckt. Wenn er auch immer wieder die Wissenschaft erwähnt, so ist und bleibt auch er ein Freizeitphilosoph. Und dennoch wartete ich gespannt auf seine weiteren Erklärungen.

„Also jeder Mensch stößt am Anfang seines irdischen Daseins einen Urschrei aus, nachdem ihm jemand mit der bloßen Hand auf den Hintern geknallt hat.

Wenn schon der liebe Gott am Anfang des Schöp-
fungsprozesses einen Urschrei ausgestoßen hat… Jetzt
wird dir sicher das ungeheuerliche Ausmaß des Ur-
knalls bewusst. Das war dereinst auch eine göttliche
Eingebung. Ich meine, das mit dem Klapps auf dem
Po zu Anfang. Das wird wohl seit Menschengeden-
ken so gemacht. Gott selbst hat uns das beigebracht.
Das Leben eines jeden Menschen beginnt immer
mit solch einem Klapps. Erst ein Urknall, dann ein
Urschrei. Und woher hatte Gott diese Idee mit dem
Klapps auf dem Po? Wenn Gott uns Menschen nach
seinem Bilde erschaffen hat, dann hat er – das ist gar
keine Frage – perfekte Arbeit geleistet. Da stimmt
einfach jedes Detail. Von Anfang an. Um Gottes Wil-
len! Nein für diesen Gedanken hätte ich früher schon
bald meinen letzten Schrei getan. Nein, nicht für das,
was ich schon gesagt habe, sondern für das, was jetzt
daraus folgt. Sowas darf man nicht einmal denken!
Und ich bin so frech und sprech' es trotzdem aus. War
das schon beim göttlichen Urschrei genauso wie bei
den Menschen? Gottes Werke sind perfekt und für
uns Menschen unergründlich. Es ist mir ja unheim-
lich peinlich, und dennoch geht mir diese Frage nicht
mehr aus dem Sinn:

> *Wer hat damals dem lieben Gott eins auf den Hin-
> tern geknallt und dadurch den göttlichen Urschrei
> ausgelöst?«*

So peinlich diese Frage ist, sie muss gestellt werden, wenn wir die Sache mit dem Urknall in seiner ganzen Tragweite verstehen wollen. Es ist ungeheuerlich, das gebe ich ja zu. Ich würde das alles auf mich nehmen, aber ich war damals nun wirklich noch nicht da, es gab mich einfach nocht nicht. Die Wissenschaft geht davon aus, dass es nach dem Urknall eine dunkle Ära gab, in der das ganze All in einem riesigen Materienebel lag. Nach dem Knall kam die Finsternis. Die Ereignisse jener Zeit liegen auch für die Wissenschaftler im Dunkeln. Erst später entstanden riesige Sterne, die das Licht in die Welt brachten.

Nochmal zurück zu meiner Frage… Du weißt schon! Wer hat dem lieben Gott… Nein nochmal sag' ich das jetzt nicht. Im Grunde genommen gibt es nur einen, dem das zuzutrauen wäre. Wer sollte es anders gewesen sein, als der Teufel höchstpersönlich? Im Gegensatz zu den Menschen, die sich an den Ursprung ihres eigenen irdischen Lebens gewöhnlich nicht mehr erinnern können, weiß der liebe Gott diese alte Geschichte natürlich immer noch. Deshalb kann der liebe Gott den Teufel bis heute nicht ausstehen. Das hat er ihm nie verziehen. Was die Wissenschaft bei der Erklärung der Welt nach dem Urknall als die dunkle Ära bezeichnet, ist bei den Menschen die Zeit unmittelbar nach dem Beginn ihres irdischen Lebens, an die sie sich einfach nicht mehr erinnern können.

Jetzt wird auch klar, warum Adam und Eva nicht vom Baum der Erkenntnis essen sollten. Die sollten doch nicht mehr wissen, als der liebe Gott. Die Blöße wollte Gott sich nun wirklich nicht geben. Die hätten möglicherweise von dem peinlichen Vorfall erfahren und von Anfang an, seine grenzenlose Macht angezweifelt. In einer sternenklaren Nacht lagen Adam und Eva mitten im Paradies, rücklings auf dem warmen Boden und schauten in die Sterne. Und bald darauf erschien ihnen der Teufel in einem Spiralnebel, den Adam und Eva für eine Schlange hielten, direkt über, oder vor – das weiß man heute nicht mehr so genau – dem Baum der Erkenntnis. Der Teufel hatte ihnen dessen Früchte so richtig schmackhaft gemacht. Wer hätte da nicht angebissen! Ein Biss, ein Knall und dann hatte Eva ihren geistigen Urknall. Gleich darauf wieder: Ein Biss, ein Knall, das war Adams geistiger Urknall. So war ihnen das Licht der Erkenntnis aufgegangen. Schon wieder eine Art Urknall. Auf diese Weise waren Adam und Eva zu ihrem Urknall gelangt, und zwar ganz ohne Klapps auf dem Po. Irgendwie müssen sie das geahnt haben, deshalb schämten sie sich Gott gegenüber. Doch dem lieben Gott blieb das nicht verborgen. Da die beiden ja nun einmal als Gottes Kinder ungehorsam gewesen waren, mussten sie draussen vor der Tür stehen bleiben und ihre gerechte Strafe abwarten. Sicherlich dachten sie, jetzt würden auch sie ihren Klapps bekommen. Und tatsächlich gab es plötzlich einen riesigen Knall – aber nicht auf den nackten Po. Es war das Tor zum Paradies, das mit lautem Getöse vor ihnen ins Schloss fiel. Das war der Urknall!"

„Aber hör' mal, mein lieber Freund, du hast gesagt, du wüsstest genauer über den Urknall Bescheid. Erst sagst du, der Urknall wäre durch die freche Hand des Herrn der Finsternis verursacht worden. Dann erklärst du, dass das Leben eines jeden Menschen durch einen Urknall auf den Po beginnt. Später schilderst du den Sündenfall als Urknall und jetzt heißt es, das Verschießen des Paradieses sei der Urknall gewesen. Wie viele Urknaller hast du denn noch auf Lager?"

„Keine Angst, die bewahre ich mir für Silvester auf. Dann sind sie alle weg. Hast du wirklich geglaubt, dass Gott, der jede Form annehmen kann, die er will, sich nach dem Bild richtet, dass sich die Menschen von ihm gemacht haben, nur um sich vom Teufel einen Klapps abzuholen? Hast du es denn nicht gemerkt? Ob Mythos vom Herrn der Finsternis, ob Hypothese von der Macht der dunklen Energie, vom schwarzen Loch oder von der dunklen Ära. Es ist doch alles das Gleiche! Jeder sagt es mit seinen Worten. Denn jeder hat eben seinen eigenen Knall – meinetwegen nenn' ihn den Urknall."

Geschehen noch Zeichen und Wunder?

oder dürfen wir uns über gar nichts mehr wundern?

Heilkunst und Farbenpracht©

Norbert Wickbolds
Denkzettel No. 28

Geschehen noch Zeichen und Wunder? Oder dürfen wir uns über gar nichts mehr wundern?

Als wir Kinder waren, freuten wir uns immer, wenn wir mal zwanzig Pfennig geschenkt bekamen. Das gab eine Überraschung, denn davon kauften wir uns eine Wundertüte. Jeder steckte seine Nase rein, denn wir waren alle gespannt, was darin zu finden war. Heute gibt es kaum noch Wundertüten, dafür kann man überall Postkarten mit dem Spruch kaufen: Das Leben ist wie eine Wundertüte, man weiß nie, was drin ist. Natürlich, wenn man nicht reinschaut, weiß man das auch nicht. In dieser Hinsicht kann man die Forscher bewundern. Die wollen immer genau wissen, was drin ist. Das mit den Wundern ist auch schon wieder wie ein Paradoxon. Geht man davon aus, dass es wirklich Wunder gibt, dann gibt es auch Wunder. Geht man davon aus, dass es keine Wunder gibt, dann gibt es auch keine.

So manche Wissenschaftler gehen davon aus, dass die Welt völlig wunderfrei sei. Das ganze Universum haben sie zur wunderfreien Zone erklärt, die obendrein auch noch gottlos sei. Nach den Erklärungen dieser Wissenschaftler hat es noch nie irgendein Wunder gegeben und es wird auch niemals Wunder geben. Diese Welt sei ganz ohne Wunder und ohne Zutun Gottes irgendwann einfach da gewesen, obwohl sie vorher noch gar nicht existierte. Die Welt hat sich jedoch nicht etwa klammheimlich in diese Welt begeben, sondern ist mit einem riesigen Knall entstanden. Das Nichts hat zufällig einen Knall gemacht und dann war die Welt einfach da. Und mit ihr waren all die Gesetze geboren, an die sich das ganze Universum fortan ausnahmslos gehalten hat. Deshalb konnte diese wunderbare Entstehungs-»*Theorie von Allem*« auch völlig ohne Wunder auskommen.

Und wir anderen, die nicht Wissenschaftler sind, müssen auch ohne Wunder auskommen. Oder geschehen heute doch noch Zeichen und Wunder? Manchmal machen auch die schlauen Wissenschaftler Urlaub. Sind sie wieder da, ist das Wunder geschehen! Wenn das kein Zeichen ist. Da staunt der Laie und der Fachmann wundert sich – eben nicht! Jene wundern sich über gar nichts mehr.

Als kleiner Junge habe ich mich noch gewundert. Eines Abends spielte ich vorm Einschlafen im Bett mit einer Erbse. Plötzlich war sie in einem meiner Nasenlöcher verschwunden. Als ich am nächsten Morgen aufwachte, kam die Erbse aus meinem Ohr wieder heraus. Das war für mich ein Wunder. Damals wussten wir, wenn abends die Glocken läuteten, dann war es 18.00 Uhr und wir mussten zum Abendessen nach

Hause kommen. Das war das Zeichen. Als Kinder hatten wir gelernt, darauf zu achten. Später habe ich es verlernt auf dieses Zeichen zu achten. Und auch auf all die anderen Zeichen, die es in meinem Leben gab, achtete ich nicht. Da war es kein Wunder, dass bei mir keine Wunder passierten. Vieles hätte einfacher sein können, wenn ich auf die Zeichen geachtet hätte. Statt dessen erlebte ich oft genug mein blaues Wunder. Und wenn ich manchmal doch auf ein Zeichen achtete, dann geschah tatsächlich etwas, was für mich wie ein Wunder war.

> *„Nähmen wir immer als Hinweis, was weise*
> *sich so zurecht rückt, dass unser Blick es gewahre.*
> *Wie vieler Leben wäre dann ganz – und nicht Reise.*
> Jean Gebser

Aber meist überhörte oder übersah ich das Zeichen einfach. Manchmal spürte ich es ganz deutlich: Das war jetzt ein Zeichen. Aber ich schlug es in den Wind. Weil ich keinen Umweg machen wollte. Ich wollte selbst bestimmen, wie es weiter gehen sollte, obwohl ich oft gar nicht wusste, wie es weitergehen könnte. Und dann wurde mein Leben richtig umständlich und anstrengend. Das Ausschlagen des Zeichens war der Anfang von all dem Chaos in meinem Leben. Wenn ich schließlich gar nicht mehr weiter wusste und glaubte, bald im Chaos zu versinken, sagte ich mir: Jetzt kann mir nur noch ein Wunder helfen! Es gab einmal eine Zeit, in der die Menschen wirklich noch an Wunder glaubten und das Wünschen auch noch geholfen hatte.

In biblischen Zeiten geschahen Wunder über Wunder. Gott wirkte Wunder, zum Beispiel durch die Teilung des Roten Meeres, wodurch die Isrealiten trockenen Fusses das rettende Ufer erreichen konnten. Moses konnte mit göttlicher Hilfe wahre Wunder vollbringen, wie Wasser aus einem Felsen entspringen oder Manna vom Himmel regnen lassen. Mich hatte es sehr verwundert, als ich las, dass Abrahams Frau Sarah mit 90 Jahren das erste Mal schwanger geworden sein sollte. Und wieviel Wunder vollbrachte Jesus! Die Wunderheilungen zum Beispiel. Sogar Tote wurden unter seinen Händen wieder lebendig. Und die wahrhaft Wundergläubigen konnten von schweren Krankheiten befreit werden. Dein Glaube, hat dich geheilt, sagte Jesus. Es ist der Glaube daran, wirklich geheilt zu werden, der das Wunder ermöglicht. Damals und heute.

»Das Wunder ist des Glaubens liebstes Kind.« (Goethe)

Wieviele Male bin als Kind hingefallen und hab mir dabei die Knie blutig geschlagen, Wie schnell war

86

davon nichts mehr zu sehen. Wundert sich niemand darüber, dass eine Wunde scheinbar von selbst heilt? Gesetz ist nunmal Gesetz, sagt der Experte, und das gilt erst recht für die Naturgesetze. Da könne nicht einfach ein Gott daherkommen und die Gesetze einfach aussetzen, um ab und zu mal eben ein Wunder geschehen zu lassen. Selbst wenn die kosmische, wie auch die menschliche Evolution ganz ohne Wunder ausgekommen sein soll, so ist die Sprache voll von Wundern. Weshalb gibt es so viele Wörter für etwas, was es nicht gibt? Es wäre gerade so, als gäbe es etwa in der Wüste eine Fülle von Wörtern für verschiedenste Baumarten. Manchmal sieht man eben den Wald vor Bäumen nicht. Die Wissenschaftler, die uns so wunderbare Geschichten von den Wundern der Schöpfung erzählen – und dafür natürlich bewundert werden wollen – merken nicht einmal, wieviele Wunder sie uns beschreiben. Das ist wahrhaft wundersam. Dabei ist es gerade die Fähigkeit, sich zu wundern, die die Menschen seit jeher inspiriert und angetrieben hat, sich auf wunderbare Weise weiter und weiter und vor allem höher zu entwickeln? Nur wer sich wundert ist bestrebt, die Dinge zu hinterfragen. Schon Adam und Eva wollten nicht nur Gottes Wundertaten bestaunen, sondern sie wollten erkennen. Zunächst sich selbst. Sofort wurde ihnen klar, wie wenig sie über sich wussten. Sie erkannten, wie wunderschön sie waren. Vielleicht ist die Schlange, die sich windet und so zur Erkenntnis führt, eine neue Windung im Wunderwerk des menschlichen Gehirns? Ich habe mich immer gewundert, dass die ersten Menschen auf andere Menschen stoßen konnten, von denen sich Kain dann eine wunderschöne Frau ausgesucht hatte. Erst durch ihr Bestreben, sich zu wundern, wurden Adam und Eva wirklich zu Menschen. Sie waren vielleicht nicht die ersten Menschen auf Erden, aber die ersten Menschenkinder, die das Bewusstsein vom wunderbaren göttlichen Funken in sich trugen. Kein Wunder, dass es sie in die Welt hinaus trieb, um selbst Wundertaten vollbringen zu können.

Wie oft haben wir aufgehört uns zu wundern. Mir geht es jedenfalls so. Immer wenn ich nicht mehr Herr der Lage bin, wünschte ich mir, dass ein Wunder geschehe. Wenn ich jahrelang nicht auf die Zeichen geachtet habe, die mir mein Körper gegeben hatte und schließlich krank geworden bin, hoffe ich auf einen Wunderdoktor, der mir ein Wundermittel gibt, dass mich retten soll. Ich träume mich in ein Wunderland. Manchmal wünsche ich mir eine Wunderlampe, an der ich nur nur zu reiben brauche, damit ein gefälliger Geist allein für mich die größten Wunder geschehen lässt. Klingt wie im Märchen. Im Märchen gilt es in einem Zauberwald eine Wunderblume zu finden.

Weil die Märchen scheinbar voller Wunder sind, träume ich mich gerne in diese Welt, in der scheinbar alle Wünsche und Wunder wahr werden. Doch auch im Märchen fliegen die Schätze den Helden nicht einfach zu. Sie müssen Prüfungen bestehen und sind diejenigen, die die Zeichen richtig deuten. Nur deshalb sind sie, zwar mit Mühen, aber als einzige erfolgreich. Weil ich weder auf Zeichen achtete noch bereit war, weitere Mühen auf mich zu nehmen, glaubte ich lange, dass in meinem Leben weder Märchen noch Wunder einen Platz hätten. Damit war ich nicht allein. Und dennoch sang Zara Leander:

> *»Ich weiß, es wird einmal ein Wunder geschehn*
> *und dann werden tausend Märchen wahr.«*

Es ist der Glaube, der Wunder und Märchen wahr werden lässt. Nicht durch einen Knall, der unverdienten Reichtum über uns ausschüttet. Wunder sind wunderbare Lösungen für Schwierigkeiten, die zuvor nicht lösbar schienen. Wenn etwas, wie ein unlösbarer Knoten gelöst, und befreit werden kann, dann erleben wir doch ein wahres Wunder! Es ist wie im Märchen, wenn der Bann gelöst und der Geplagte erlöst wird. Wunder heilen Wunden und bringen die erlösende Wendung. So ist´s.

Wenn der Raum sich mit der Zeit krümmt,

bekommt man dann einen krummen Rücken?

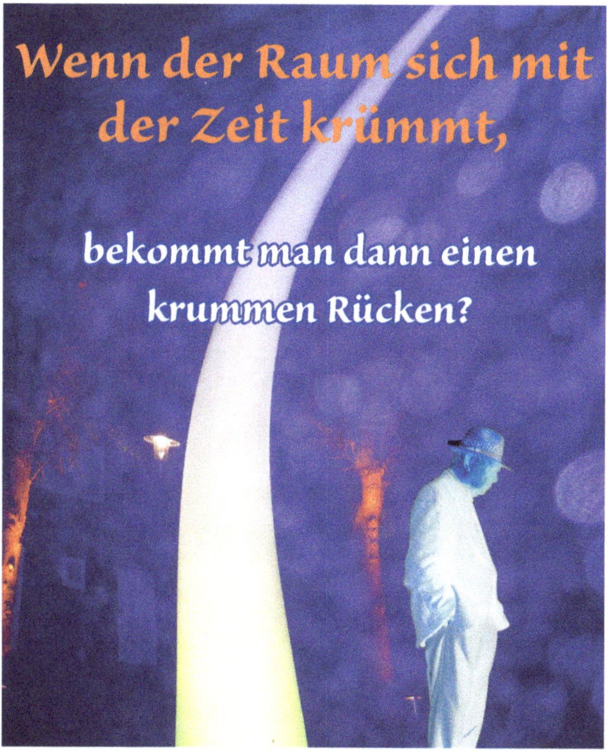

Heilkunst und Farbenpracht©

Norbert Wickbolds
Denkzettel No. 29

Wenn der Raum sich mit der Zeit krümmt, bekommt man dann einen krummen Rücken?

In physikwissenschaftlichen Kreisen hat sich die Erkenntnis durchgesetzt, dass es unter bestimmten Bedingungen so etwas, wie einen gekrümmten Raum gibt. Aus physikalischer Sicht kommt es zur Raumkrümmung, wenn sich irgend etwas mit hoher Geschwindigkeit einem starken Energiefeld, also einer großen Masse nähert. Genau genommen wirkt diese Krümmung am stärksten innerhalb dieses massereichen Körpers.

Gibt es zwischen diesen physikalischen Gesetzen und den Wachstumsarten bei den Menschen einen Zusammenhang? Beim Menschen ist ja im allgemeinen das Körperwachstum begrenzt. Wenn der Mensch aber innerlich stärker wächst, als äußerlich, was meistens der Fall ist, dann kommt es im Inneren zur Raumkrümmung. Der Mensch ist dann innen größer als außen. Doch mit der Zeit wird diese innere Krümmung auch äußerlich sichtbar. Je nachdem, wo dieses Wachstum am stärksten ist, wölbt sich entweder der Bauch oder es kommt tatsächlich zur äußeren Krümmung des Rückens, dem sogenannten Buckel. Auch ein weit vorgestreckter Kopf in Verbindung mit hängenden Schultern führt früher oder später zu einem gekrümmten Rücken.

Im Gegensatz zu den rein physikalischen Körpern wirken beim Menschen noch die Kräfte des Denkens auf die Form des Körpers. Je nach dem, ob die betreffende Person eher mit dem Kopf denkt oder mit dem Bauch, kommt es jeweils zu einer unterschiedlichen Krümmung. Wird vorwiegend mit dem Bauch gedacht (hier ist das Lustprinzip gemeint), dann verhält es sich wie folgt. Je größere Massen von diesem Körper verschluckt und verdaut werden, um so größer wird auch die Krümmung. Der Bauch wird dicker und wölbt sich vor. Der Bauch wird immer mehr zur Last.

Im anderen Fall ist das eher so: Je mehr Gedanken vom Kopf aufgenommen und verarbeitet werden, um so größer wird die Schwerkraft des Kopfes. Der Kopf selbst kann sich jedoch nicht ausdehnen, deshalb gibt er einen Teil seiner Schwere an den Körper ab. Unter dieser Last krümmt sich schließlich der Rücken der betreffenden Person. Man nennt dies auch kognitiven Lastenausgleich. In diesem Fall spricht man von einer kopflastigen Person. Hier wird also der Kopf immer mehr zur Last.

Bauchgewichtige Personen verlassen sich oft zu sehr auf das, was sie ihr Bauchgefühl nennen. Sie denken quasi mit dem Bauch. Gleichzeitig vernachlässigen sie manchmal ihr anderes Denkorgan, leben häufig gedankenlos in den Tag und lassen sich, von ihren Lüsten und Genüssen treiben. Ihr Mund, der sich bald ähnlich wie ein schwarzes Loch verhält, bewirkt, dass die Massenanziehungskraft permanent größer wird. Das wiederum verstärkt die Gesamtmasse und mit der Zeit auch die Raumkrümmung (hier des Bauches). Physikalisch unterliegen sie fast vollständig dem Gesetz der Massenträgheit.

Kopflastige Personen können all die vielen Gedanken bald nicht mehr verdauen. Sie können sich von alten, ausgedienten Gedanken einfach nicht trennen. Diese schwirren dann wie kognitiver Weltraumschrott in ihrem Denkkosmos umher. So kommt es, dass sich neue Gedanken nicht heraustrauen, weil sie befürchten von den alten erschlagen zu werden. Es werden immer mehr neue Gedanken produziert, die aber ebenfalls nicht zum Zuge kommen. Die Kopflastigkeit nimmt zu und die Krümmung des Rückens ebenfalls. In der Spätphase trägt der Kopfdenker seinen Kopf nicht mehr oben sondern schiebt ihn quasi vor sich her. Nur langsam gelingt es ihm, seine gedanklichen Altlasten auszusortieren. Wenn sich in ihrem Kopf auch ständig vieles bewegt, so kommen diese Menschen äußerlich kaum noch von der Stelle. Physikalisch unterliegen sie ihrem eigenen Beharrungsvermögen.

Manche Bauchdenker haben sich in einem Fortbildungskurs zum Bauchredner ausbilden lassen. Kopfdenker legen sich hingegen gelegentlich einen kleinen Mann im Ohr zu, den sie dann gerne zu ihrem Sprachrohr machen.

Hier muss ergänzt werden, dass es noch eine weitere Form gibt, die zur Krümmung des Rückens führt. Auch sie hängt mit dem Denken der betreffenden Person zusammen. Es handelt sich um den sogenannten Bückling, der von Aussenstehenden auch als Katzenbuckel bezeichnet wird. Diesen Bückling oder Buckel beobachtet man bei solchen Menschen, die ihr Denken am liebsten anderen überlassen. Man könnte sie der Einfachheit halber als Nach-Denker bezeichnen, da sie immer von einem anderen abhängig sind, der ihnen etwas vordenkt. Im folgenden werde ich sie jedoch als Fremddenker bezeichnen. Sie sind bald einem starken Druck von oben, also von diesem anderen, der für sie das Denken übernommen hat, ausgeliefert. Schließlich bewegen sie sich auf wackeligen Beinen, denn sie können ihre Knie nicht mehr durchdrücken und sind im Ganzen stark vornüber gebeugt. Andere Menschen würden in dieser Haltung längst umfallen, die Bücklinge haben jedoch Übung darin, sich auf diese Weise zu bewegen und können dies sogar sehr elegant. Dabei beteuern sie immer wie-

der, dass sie sich dem Schicksal nunmal beugen müssten. Sie leben davon, den Großen dieser Welt stets
zu Diensten zu sein. Wenn sie im Ganzen eher sehr
steif wirken, sind sie dennoch jederzeit reaktionsbe-
reit und anpassungsfähig. Dieser Anpassungsfähigkeit
ist es zu verdanken, dass sie praktisch ohne Rückgrat
auskommen. Stets halten sie sich selbst weit unten
und orientieren sich ganz nach oben. Da sie immer
auf die Anweisungen dieser Oberen warten müssen
und somit erst später reagieren, kann die bei ihnen
wirkende physikalische Kraft als Verzögerungskraft
bezeichnet werden.

Da die Rückenkrümmung im fortgeschrittenen Al-
ter besonders häufig zu beobachten ist, halten viele
Menschen den gekrümmten Rücken für eine natür-
liche Alterserscheinung. Nachdem ihnen im Laufe
ihres langen Lebens jede Menge Schrecken in die
Glieder gefahren sind und sie schon viele Jahre, oft-
mals schwerer Arbeit auf dem Buckel haben, sind ihre
Knochen als Form gewordene Gedanken aufzufassen.
Man kann sagen, sie denken inzwischen mit ihren
Knochen. Dadurch geht die eigene Triebkraft, oder
auch Spannkraft weitgehend gegen Null, und die
Gravitation wird zur beherrschenden Kraft. Schließ-
lich können sie sich nur noch mit Hilfe eines äußeren
Antriebs bewegen.

Letzlich kommt es, in der großen Physik, wie in der kleinen des einzelnen Menschen, durch die unausgeglichene Verteilung der Massen zur Krümmung. Für den Menschen bedeutet dies, dass es noch einen Mittelweg zwischen Kopfdenken, Bauchdenken und Fremddenken geben muss.

In der Tat gibt es Berichte von Menschen, denen es gelungen ist, die Fähigkeit zu entwickeln, mit einem anderen Organ zu denken. Damit sind sie wirklich am Puls des Lebens, denn sie denken mit ihrem Herzen. Saint Exupery sagte: *Man denkt nur mit dem Herzen gut.* Wer weder nur mit dem Kopf denkt, noch vorwiegend mit dem Bauch und auch nicht einfach fremddenkt, sondern in erster Linie mit seinem eigenen Herzen denkt, der wird von diesem Denken nicht gekrümmt, sondern sogar aufgerichtet. Obwohl sie innerlich bei weitem größer sind, als sie äußerlich erscheinen, gelingt es diesen Menschen ihre wahre Größe zu entfalten.

Diese Menschen scheinen kaum noch den Kräften der Schwerkraft zu folgen. Sie besitzen so etwas, wie eine Auftriebskraft. Sie können ihren Kopf mit Leichtigkeit oben tragen, werden nicht von ihrer Leibesschwere heruntergezogen und müssen sich auch vor niemanden bücken. Und auch vom Alter werden sie nicht gebeugt.

Es sind aufrechte Menschen, wie sie sich die Liedermacherin Bettina Wegner gewünscht hat:

»*Grade, klare Menschen*
wär'n ein schönes Ziel.
Leute ohne Rückgrat
hab'n wir schon zuviel.«

Wer überwiegend mit dem Bauch denkt, sieht sich oftmals dazu genötigt, schweren Herzens einer Sache zuzustimmen, bzw. diese abzusagen, weil sich das Herz zwar zu Wort meldet, letzlich aber überstimmt wird.

Wer überwiegend mit dem Kopf denkt und sich der Macht seiner Gedanken hingibt, wirkt häufig starr und unbeweglich. Man bezeichnet die betreffende Person bald als hartherzig, weil sie ihr Herz nicht zu Worte kommen lässt.

Wer gelernt hat mit dem Herzen zu denken, handelt zuweilen unpraktisch oder vollkommen unvernünftig, denn seine Entscheidungen kommen – gerade heraus – aus einem großen Herzen.

Nur ungekrümmt geht der rechte Weg vom Herzen hinaus in die Welt.

Wohin geht die Vergangenheit…

wenn sie vergeht?

Heilkunst und Farbenpracht©

Norbert Wickbolds
Denkzettel No. 30

Wohin geht die Vergangenheit, wenn sie vergeht?

Fragen Sie sich nicht auch manchmal: *„Wo ist nur die Zeit geblieben?"* Ich hab' noch Niemanden gefunden, der darauf wirklich eine Antwort gewusst hätte. Und das Übliche: *„Vergangen ist vergangen"*, ist doch keine brauchbare Antwort. Wohin geht denn die Vergangenheit, wenn sie vergeht? Die kann doch nicht einfach weg sein und so mir nichts dir nichts verschwinden. Sich aus dem Staub machen. Gerade war sie noch eine aufdringliche Gegenwart und schon ist sie in der Versenkung der Vergangenheit verschwunden? Schlauberger sagen einfach: *„Morgen ist heute schon gestern."* Ja schön, und was habe ich von dieser Erkenntnis? Das gilt schließlich auch, wenn heute gar nichts, rein gar nichts passiert. Auch wenn nichts passiert, ist das morgen passé. Und wenn viel passiert, ist das morgen auch passé. Selbst wenn die unglaublichsten Dinge passieren – morgen ist alles vorbei! Morgen ist alles schon Schnee von gestern. Nur die Gemüter sind morgen immer noch erhitzt und das womöglich noch viel mehr als gestern, als die Angelegenheit tatsächlich geschehen ist. So gesehen ist jeder Morgen wie ein Aschermittwoch, an dem alles vorbei ist. Und dennoch heisst es immer wieder: *»Wer keine Vergangenheit hat, der hat auch keine Zukunft!«* Nur wer in der Vergangenheit Großes geleistet hat, wer eine gewisse Berühmtheit erlangt hat, dem traut man auch zu, dass dieser Mensch zukünftig etwas Bemerkenswertes zustande bringt. Nur wer nachweislich erfolgreich ist, wird eingestellt, nur wer mehr Geld besitzt, als er braucht, bekommt weiteres Geld. Nur wer immer schon viel geredet hat, dem glaubt man, dass er was zu sagen hat.

Es war einmal… so fangen Märchen an. Und vieles, was uns erzählt wird, klingt wirklich wie ein Märchen. Aber, wenn es sowieso vorbei ist, ist es doch auch unerheblich, ob der Erzähler die Wahrheit spricht oder nicht. Schließlich gehört es ja längst der Vergangenheit an. Und die Vergangenheit gibt nichts wieder her. Wir hatten – und das ist ein Teil meiner Vergangenheit – ein Geschichtsbuch mit dem Titel: *»Reise in die Vergangenheit.«* In längst vergangene Zeiten reisen, wie man in ferne Länder reisen kann; kein Reisebüro bietet derartige Reisen an.

Manchmal stelle ich mir vor, ich würde morgens aufstehen und meinen Tag beginnen und wenn ich vor die Tür trete, bin ich einfach in einer längst vergangenen Zeit. Es wäre zum Beispiel gerade der 23. August 1975. Einfach so. Oder irgend ein Tag in einer Zeit, in der ich noch gar nicht gelebt habe. Wie ein Film, den ich mir immer und immer wieder ansehen kann. So ergeht es anscheinend Menschen, die im Alter immer verwirrter werden. Sie treten in eine bestimmte

Szene ihrer Vergangenheit ein, weil sie wissen, dass sie dort noch etwas Unerledigtes zurück gelassen haben. Sie müssen noch etwas ins Reine bringen, müssen noch etwas zu einem guten Abschluß bringen. Und dann kommen die Angehörigen oder die Pflegekräfte und erklären ihnen, dass sie sich gar nicht in dieser Vergangenheit befinden und deshalb auch nicht erledigen können, was ihnen ein so dringendes Bedürfnis ist. *„Morgen vielleicht"*, sagen sie. *„So ein Quatsch, das war doch viel früher, da hat die junge Schwester noch gar nicht gelebt. Die hat nun wirklich keine Ahnung!"* Und dann fangen diese Verwirrten an, ganz ungeduldig nach etwas zu suchen. Vielleicht suchen sie wirklich die Zaubertür, durch die sie in die Vergangenheit gelangen können. Aber sie finden diese Tür einfach nicht!

Und dann gibt es da noch die Wissenschaftler, die sich vorstellen, dass es zu unserer Welt noch jede Menge Parallelwelten geben müsste, in der die Welt sozusagen Alternativen hätte. Da könnte man vielleicht auch all die vergangenen Welten in solchen Parallelwelten wiederfinden. Vielleicht wechseln die Ereignisse einfach in eine solche Parallelwelt, in der das hier Vergangene die gerade aktuelle Gegenwart ist? In einer anderen Parallelwelt, die sich derzeit noch im Mittelalter befindet, geschieht das, was hier eben gerade geschehen ist, erst noch in ferner Zukunft. Aber wechselt die Vergangenheit wirklich in eine andere Welt? Wie können die Ereignisse aus unserer Welt in eine andere Welt gelangen? Ist für uns diese andere Welt nicht genau so unerreichbar, wie für einen Aquarienfisch die Welt in einem anderen Aquarium?

Meine Oma hatte uns damals erzählt, der liebe Gott im Himmel habe zwei große Bücher. Ein goldenes und ein schwarzes. In das goldene Buch schreibt er alles hinein, was wir Menschen Gutes getan haben und im schwarzen Buch werden all unsere schlechten und bösen Taten dokumentiert. Ausser dass uns durch derartige Geschichten angst und bange wird, bringt uns solch eine Vorstellung wohl nicht weiter. Selbst wenn es diese göttlichen Niederschriften wirklich gäbe, der Ort, an dem sich die Vergangenheit befindet, ist das nicht.

Ich glaube, irgendwo draußen können wir die Vergangenheit nicht wieder finden. Selbst wenn zum Beispiel bei einem Klassentreffen nach vielen Jahren die einstigen Mitschüler in Erinnerungen von der guten alten Zeit schwelgen, kommt doch bei jedem etwas anderes zum Vorschein. Das gleiche Ereignis hat sich für jeden anders abgespielt. Die Vergangenheit befindet sich offenbar nur in uns. In unseren Erinnerungen, die von unserem Gedächtnis hervorgebracht werden, aus denen wir uns eine persönliche Vergangenheit konstruieren.

Manche sagen ja, was vergangen ist, kann man getrost vergessen. Und dann werden diese Menschen tatsächlich auch immer vergesslicher. Dann sind nicht nur all die Ereignisse vorbei, sondern allmählich verschwinden auch die vielen Erinnerungen daran. Und dann ist die Vergangenheit wirklich vergangen!

> *»Was ist denn meine Vergangenheit,*
> *viel mehr als meine bloße Eitelkeit?*
> *Aus welcher Fülle von Geschichten*
> *kann ich mit Fug und Recht berichten?*
> *Was gilt – ich weiß es längst nicht mehr*
> *die Erinnerungen – wo kommen sie wirklich her?«* [1]

Die andere Frage ist, was würde geschehen, wenn die Vergangenheit nicht verginge. Im Märchen »*Dornröschen*« gibt es das tatsächlich: Die Vergangenheit bleibt einfach. Sie weigert sich hundert Jahre lang zu vergehen. Sie räumt ihren Platz nicht. Deshalb kann es keine neue Gegenwart und erst recht keine Zukunft geben. Wenn die Vergangenheit nicht vergeht, dann geht gar nichts mehr. Hundert Jahre lang muss sich der Bäckerjunge wegen der bevorstehenden Ohrfeige bangen. Und der Bäcker muss hundert Jahre lang seine, zum Schlag ausgeholte Hand oben halten. Oder

---

1 aus: Norbert Wickbold,2015, Was seht ihr denn?
  42 Gedichte und Gedanken

anders ausgedrückt: »*Die Welt hielt den Atem an.*« Und das ist ja sprichwörtlich. Das gibt es wirklich, dass sich ein Augenblick sehr hinziehen kann. Manchmal scheint sich die Vergangenheit nur schwer zu verabschieden. Ich stelle mir gerade ein spezielles Parkhaus vor. In der Hochsaison warten die Autofahrer bis sie hineinfahren können. Wo aber befindet sich das Parkhaus für die Vergangenheit? Ob die Autofahrer, die hier Ereignisse heißen, wissen, dass sie da nie wieder heraus kommen? Dieses Parkhaus der Vergangenheit muss viele Etagen haben. Vielleicht gibt es da ja eine Art Schichtenmodell. Für große Zeiträume wie die Erdzeitalter besteht das Parkhaus der Vergangenheit in den Erd-und Gesteinsschichten.

Bei den Menschen sind es weniger Gesteinsschichten, sondern da ist es eher das alte Gemäuer, in dem sich die Vergangenheit verbirgt. Es heißt, um Mitternacht, also zwischen gestern und morgen, kämen die Geister der Vergangenheit als Gespenster zum Vorschein. Und tatsächlich kommt es ja vor, dass jemand, der etwa ein großes Unrecht begangen hat, nach Jahren von seiner Vergangenheit wieder eingeholt wird. Vielleicht hatte dieser Mensch versucht, mit seiner Vergangenheit zu brechen. Als Kind hatte mich ein Jugendroman faszinert, mit dem Titel: »*Als die Uhr dreizehn schlug.*« Da ging ein Junge, der zu Besuch in dem alten Haus seiner Tante war, nachts auf Erkundungstour. Dann schug die alte Uhr dreizehn mal. Als er dann in den Garten trat, begegnete er Menschen, die mehr als ein halbes Jahrhundert vor ihm gelebt hatten und so traf er die alte Tante, die damals ein kleines Mädchen war. Auch in Büchern scheint sich die Vergangenheit gerne zu verstecken oder in alten Gegenständen, die uns Geschichten erzählen, bzw. über die wir immer wieder die gleiche Geschichte erzählen.

Es heisst ja auch: *»Wer aus seiner Vergangenheit nicht gelernt hat, muss sie wiederholen.«* Dann ist das also doch möglich, die Vergangenheit wieder zu holen? Nein, wir können sie nur wiederholen. Nicht dasselbe, sondern das Gleiche. Was geschieht, es sieht dem ähnlich, was schon mal da war. Wie in dem Film: *»Und täglich grüßt das Murmeltier«.* Der Protagonist erlebt jeden Tag als Wiederholung des vorherigen, tagein, tagaus immer das Gleiche. Es gibt nichts Neues mehr unter der Sonne. Das geht so lange, bis er sich selbst weiterentwickelt.

Sich dankend von Vergangenem verabschieden und sich mit Freude dem Neuen öffnen, um für das Zukünftige gewappnet zu sein. Die Vergangenheit vergeht, indem sie sich verwandelt. Haben wir uns von ihr nicht, oder nicht vollständig gelöst, so muss sie, und zwar von uns, erlöst werden, damit sich die Wandlung vollenden kann.

Inhalt

Inhalt des ersten Bandes:

Format: 120 x 190 mm,
116 Seiten

Tb: **€ 9,50** (D)

geb: **€ 17,50** (D)

eBook: **€ 2,99** (D)

ISBN:
978-3-7323-2611-2 (Tb.)
978-3-7323-2612-9 (geb.)
978-3-7323-2613-6 (e-Book)

Inhalt des zweiten Bandes:

Format: 120 x 190 mm,
116 Seiten

Tb: **€ 9,50** (D)

geb: **€ 17,50** (D)

eBook: **€ 3,99** (D)

ISBN:
978-3-7345-3543-7 (Tb.)
978-3-7345-3544-4 (geb.)
978-3-7345-3545-1 (e-Book)

Der Roman, der zur Quelle führt:

Die Wiederkehr der Morgenlandfahrer

Die Idee der Morgenlandfahrer Hermann Hesses wird hier wieder aufgegriffen und mit hochaktuellen Themen verknüpft: Auf der einen Seite steht eine gigantische, den Globus beherrschende Wirtschaftsmacht und ihr gegenüber befindet sich die entmachtete Gruppe der Vielen. Ein paar Wenige wagen es, um ihr Grundrecht auf sauberes Wasser zu kämpfen und bringen das Machtgefüge der Weltmacht an seine Grenzen.

Der Roman: **Die Wiederkehr der Morgenlandfahrer** gibt Hoffnung auf die Kraft von Einzelnen, die ihre innere Quelle gefunden haben. Hier geht es darum, seinem Stern zu folgen und daraus Kraft für die Bewältigung auch sehr schwieriger Aufgaben zu ziehen. Die Reise der Morgenlandfahrer ist eine Reise durch die innere Wüste seiner eigenen Seele. Es ist eine Reise zur inneren Quelle. Sieben Künste weisen den Weg dorthin. Jeder findet seinen eigenen Weg. Der Leser bekommt einen spannenden Roman vorgelegt, der Hoffnung machen will,

dass auch eine globale Bedrohung überwindbar ist. Er kann sich ohne Weiteres in einer der Hauptfiguren wiederfinden und erhält somit schnell einen eigenen Bezug zu Thema und Inhalt des Romans. Und er kann sich auf seinen eigenen Weg zu seiner eigenen Quelle begeben!

336 Seiten **€ 18,50** (D) Tb

ISBN:
978-3-8495-9890-7 (Tb.)
978-3-8495-9891-4 (geb.)
978-3-8495-9892-1 (e-Book)

Die Gedichte und Gedanken:

Was seht ihr denn?

42 Gedichte und Gedanken

Wieviele Gedanken gehen uns durch den Kopf und ziehen sehr schnell wieder weiter? Einige hinterlassen bleibende Spuren, andere geraten bald wieder in Vergessenheit. Neue Ereignisse und neue Gedanken verdrängen unsere Gedanken von gestern.

Einmal inne zu halten! Dies alles von ferne nur zu betrachten. Es aufzuschreiben, um die Gespenster, die in unseren Hirnen spuken, zu vertreiben.

Hier sind sie versammelt:
42 Gedichte und Gedanken aus drei ereignisreichen Jahrzehnten, die tatsächlich in Worte festgehalten und niedergeschrieben wurden. Sie sind manchmal sehr persönlich oder poetisch, mal politisch und manchmal eher philosophisch.

Format: 120 x 190 mm,
60 Seiten

Tb: € 7,50 (D)

geb: € 13,50 (D)

eBook: € 2,99 (D)

ISBN:
978-3-7323-1126-2 (Tb.)
978-3-7323-1127-9 (geb.)
978-3-7323-1128-6 (e-Book)

Der Ratgeber zum Älter werden:

Wer weiß, wie wir mal werden?

Selbstentwicklung kreativ fürs Alter nutzen

Im Alter würdevoll Leben, möglichst ohne Leiden zu müssen, dass wünschen sich viele Menschen. Ist das möglich? Nach 22 Jahren Arbeit in der Altenpflege, behaupte ich: Ja!

Es ist möglich, wenn wir bereit sind, unser Leid anzunehmen. Dann können wir es wandeln. Mit Hilfe unserer Lebenserfahrung, der Kunst und verschiedener therapeutischer Ansätze können wir einen inneren Wandel vollziehen und den Abbau- und Sterbeprozess kreativ wandeln in einen Aufbau- und Intergationsprozess.

Das Buch vereint viele Beispiele aus der Praxis, der Kunst, der Dichtung und der Forschung und zeigt sieben Wege zum kreativen Altwerden auf.

Wer weiß, wie wir mal werden?

384 Seiten, mit vielen, teils farbigen Abbildungen

Tb: € **24,49** (D)

geb: € **30,80** (D)

eBook: € **2,99** (D)

ISBN: 978-3-8495-9811-2 (Tb.)
      978-3-8495-9812-9 (geb.)
      978-3-8495-9813-6 (e-Book)

Die Seminare zu:

Wer weiß, wie wir mal werden?

Zur Einführung lade ich dich ein, mit den hier beschriebenen sieben Wegen – und dem persönlicheren Du – in dir selbst die Seelenanteile zu entdecken, die dich befähigen, im Alter eine Persönlichkeit zu sein, die souverän und weise ihr Leben führt.

Sieben Wege zu deinem kreativen Altern

E: *Dein Lebensschiff bis ins hohe Alter souverän steuern*

1. Die Bilder deiner Seele sprechen lassen

   Deine Krisen bewältigen und deine Träume leben

2. Deine Biografie als Gestaltungsaufgabe

   Dich neu entdecken im Verwirklichen deiner Ziele

3. Dreh Dich nicht um! Deine Blockaden lösen

   Deinen eigenen Schritt im Tanz des Lebens finden

4. Auf künstlerischen Wegen
   deiner Weisheit entgegen

   *Im Wandel des Lebens
   deine eigene Form finden*

5. Empfangen der Würde
   im Alter

   *Dir Gegebenes und dir
   Gelungenes wertschätzen*

6. Mit Worten malen

   *Deinem Werden und Wandel
   eine Stimme geben*

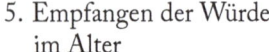

7. Wer weiß, wie wir mal werden?

   *Die Teile deines Lebens
   zum Ganzen zusammenführen*

Nach der Einführung können die sieben Seminare zur thematischen Vertiefung besucht werden. Zusammengenommen fügen sie sich zu einer Ganzheit.

Der Autor:
Norbert Wickbold

1973-1984 Lehr- und Gesellen-
    jahre als Elektriker,
    drei Semester Physik-
    Studium, UNI Bremen
1985-1989 Diplom-Studium in
    Kunsttherapie/Kunstpäda-
    gogik und freie Arbeit als
    Dozent für künstlerische und literarische Kurse
1994 Altenpflegeausbildung, Arbeit als Altenpfleger
2001 Fortbildung zur Gerontopsychiatrischen Fachkraft
2002 Abschlussarbeit: Kunsttherapie im Alter
2003 Beginn der schriftstellerischen Arbeit
2005 bis 2012 Leitung von Gedächtnistrainingskursen
2007 Fertigstellung der 1.Fassung des Romans:
    Die Wiederkehr der Morgenlandfahrer
2008 *Norbert Wickbolds kleine Denkzettel* starten
    mit: *Das Henne-Ei-Paradoxon*
2008-2010 Master-Studium in Erwachsenenbildung
2010 *Vom Sinn des Lebens, des Sterbens und der
    Aufgabe des Alters* in Heft 23 der Zeitschrift:
    »Psychosynthese«, Navo-Verlag, Zürich
2014 *Wer weiß, wie wir mal werden?* wird im
    Tradition-Verlag, Hamburg veröffentlicht
2015 *Die Wiederkehr der Morgenlandfahrer* und
    *Was seht ihr denn? – 42 Gedichte und Gedanken
    Denkzettel – Die ersten zehn* veröffentlicht
2016 *Denkzettel –die zweite Dekade*

weitere Infos:

Norbert Wickbold
wireno@t-online.de
www.heilkunstundfarbenpracht.de

Bücher erhältlich über
www.tredition.de

MIX

Papier | Fördert
gute Waldnutzung

FSC® C083411

Zeitfracht Medien GmbH
Ferdinand-Jühlke-Straße 7
99095 Erfurt, Deutschland
produktsicherheit@kolibri360.de